PESSOA
E A
PSICANÁLISE

BIOBIBLIOGRAFIA

JOSÉ MARTINHO nasceu em Lisboa em 1950. Em França, onde viveu cerca de vinte anos, doutorou-se em Filosofia e Psicologia, formou-se em Psicanálise e leccionou em várias Universidades (Paris XII, Paris VIII). Membro da Escola Europeia e da Associação Mundial de Psicanálise, José Martinho fundou, após o seu regresso a Portugal, a Antena do Campo Freudiano e o Centro de Estudos de Psicanálise, instituições de que é Presidente. Colaborador regular do semanário *Expresso*, Professor Catedrático do Departamento de Psicologia da Universidade Lusófona de Humanidades e Tecnologias, e Director da sua Pós--Graduação em Psicanálise, José Martinho é também autor de inúmeros artigos publicados no país e no estrangeiro, e de livros como *O Que É Um Pai?* (Assírio & Alvim, 1990), *A Minha Psicanálise* (Fim de Século, 1.ª ed. 1997, 2.ª ed. 2000), *Ditos* (Fim de Século, 1999), *Gozo* (Fim de Século, 2000) e Freud & Companhia (Almedina, 2001).

JOSÉ MARTINHO

PESSOA
E A
PSICANÁLISE

ALMEDINA

PESSOA E A PSICANÁLISE

AUTOR
JOSÉ MARTINHO

EDITOR
LIVRARIA ALMEDINA - COIMBRA
www.almedina.net

LIVRARIAS
LIVRARIA ALMEDINA
Arco de Almedina, 15
3004-509 Coimbra - Portugal
Telef. 239 851 900 | Fax 239 851 901 | arco@almedina.net

LIVRARIA ALMEDINA - PORTO
Rua de Ceuta, 79
4050-191 Porto – Portugal
Telef. 222 059 773 | Fax 222 039 497 | porto@almedina.net

EDIÇÕES GLOBO, LDA.
Rua S. Filipe Nery, 37-A (ao Rato)
1250-225 LISBOA - PORTUGAL
Telef. 213 857 619 | Fax 213 844 661 | globo@almedina.net

LIVRARIA ALMEDINA
Atrium Saldanha - Loja 31
Praça Duque de Saldanha, 1
Telef. 213 712 690 | atrium@almedina.net

LIVRARIA ALMEDINA - BRAGA
Campos de Gualtar
Universidade do Minho
4700-320 Braga
Telef. 253 678 822 | braga@almedina.net

DESENHO GRÁFICO
FBA. FERRAND, BICKER & ASSOCIADOS
info@fba.pt

EXECUÇÃO GRÁFICA
G. C. - GRÁFICA DE COIMBRA, LDA.
producao@graficadecoimbra.pt

DEPÓSITO LEGAL: 175389/02

ISBN 972-40-1615-3

NOVEMBRO, 2001

ÍNDICE

INTRODUÇÃO	9
PESSOA E A PSICANÁLISE	11
A CARTA DE 11 DE DEZEMBRO DE 1931	15
JOÃO GASPAR SIMÕES E A POSTERIDADE FREUDIANA	25
A METÁFORA PATERNA	31
A CONSTRUÇÃO DO NOME DE AUTOR	41
OPHÉLIA	47
O(S) MESTRE(S)	53
O SINTOMA DOS PESSOA	65
A MARAVILHA	83

INTRODUÇÃO

A IDEIA DO PRESENTE LIVRO nasceu durante as VII Jornadas do Centro de Estudos de Psicanálise (19 de Maio de 2001). Estas estiveram estreitamente associadas ao trabalho que tem vindo a ser efectuado pela Antena do Campo Freudiano e o Cartel Franco-Português da Escola Europeia de Psicanálise.

Em Julho de 2000, após uma reunião em Paris, Yasmine Grasser, Paulo Siqueira, Maria Arminda Brinco de Freitas, Éric Dubuc, José Luís Gaglianone e Thierry Jacquemin pediram aos membros da Antena do Campo Freudiano que colaborassem na redacção de um número bilingue (português/francês) de *Nuncius* [1] sobre Fernando Pessoa.

Este convite levou-nos, no Seminário de Lisboa, a um retorno ao texto do escritor português, e, de seguida, à organização das Jornadas sobre *Pessoa e a Psicanálise*. Foi ao preparar a minha conferência sobre este tema, que me apercebi que nada de muito explícito tinha sido escrito até à data sobre o assunto, logo que convinha marcar uma posição a partir da qual se pudesse iniciar um futuro debate.

---

[1] AAVV, *Pessoa, la malle des inédits* in *Nuncius, Courrier de l'École Européenne de Psychanalyse-Développement* (Hors-Série), EEP, Paris, Juin 2001.

Fi-lo, como é meu estilo, indo directamente ao essencial, ou condensando, num reduzido número de páginas e de fórmulas, um imenso material.

PESSOA E A PSICANÁLISE

A CONJUNÇÃO *PESSOA E A PSICANÁLISE* pode ser entendida de pelo menos três maneiras: primeiro, o que Pessoa pensou de Freud, do freudismo e dos freudianos; segundo, o que os psicanalistas já disseram sobre Pessoa; finalmente, o que julgo poder acrescentar de momento a propósito de tudo isto.

Prudência é aquilo que é aconselhado a qualquer leitor de Fernando Pessoa, dado que o terreno em que caminha está minado, não só pela ausência de estabelecimento científico do texto em que se apoia, como pela falta de esclarecimento de alguns pontos chave da biografia do poeta. Para o psicanalista, o problema é ainda mais complicado, pois, com muita pena minha, Pessoa nunca foi meu analisando.

Luís Filipe Teixeira, editor da obra de António Mora [2] e bom conhecedor das dificuldades com que se depara o explorador do espólio pessoano, recordou, durante as VII Jornadas do Centro de

---

[2] Luís Filipe Teixeira: *Obras de António Mora, de Fernando Pessoa: Edição e Estudo.* Tese de Doutoramento em Estudos Portugueses pela Faculdade de Ciências Sociais e Humanas da Universidade Nova de Lisboa, sob a orientação de Yvette K. Centeno e de Luíz Fagundes Duarte. A obra de António Mora será brevemente editada por Luís Filipe Teixeira na Imprensa Nacional-Casa da Moeda, col. Série Maior (no âmbito da Equipa Pessoa dirigida por Ivo Castro).

Estudos de Psicanálise, que os textos a que o grande público tem acesso assentam em parte na fantasia de quem atribui, constitui e arruma o *corpus*. Quase toda a gente comete erros graves, que vão dos lapsos de leitura dos manuscritos originais até à citação de fragmentos de autores pré-socráticos como se fossem do próprio Pessoa; e, sobretudo, ninguém respeita a *arquitextura* dos projectos que este concebeu para a publicação do conjunto da obra.

Por seu lado, Alfredo Margarido, reputado especialista de Pessoa e amigo a quem devo preciosas informações, insistiu sobre o facto de João Gaspar Simões ter fornecido demasiado cedo e em muita prosa uma grelha de leitura da vida e da obra que é completamente falsa.

Assim, não só ninguém sabe ao certo o que será o texto definitivo da obra de Fernando Pessoa, como se adquiriu o hábito de ver no poeta o *menino da sua mãe* [3], quando o que ele queria na verdade *era ver a mãe pelas costas*. A este propósito, Alfredo Margarido lembrou que Pessoa, mesmo se quis respeitar a imagem social do «bom filho», enviou logo que pôde a velha mãe doente para a *Quinta dos Marechais* na Buraca, um buraco fora de Lisboa onde ninguém a ia ver e onde acabou por falecer.

Alfredo Margarido insistiu ainda sobre o facto de Pessoa não ser só o que cada um gostava que ele fosse. Por detrás da abulia, existe um homem extremamente activo a nível comercial e editorial, e dispensando uma extraordinária energia na criação literária; e, por debaixo do génio, esconde-se muitas vezes o misógino, o esteta ingénuo, o fascista e o alcoólatra.

Ciente destas e de outras objecções, limito-me a dizer que querer levar para a frente como projecto científico a única vontade de Fernando Pessoa pode conduzir a uma impossibilidade, se pensarmos, por exemplo, que ele também quis publicar separadamente as obras dos heterónimos acompanhadas dos respectivos retratos.

---

[3] Título de um poema publicado em 1926, que termina deste modo: *Jaz morto e apodrece/O menino da sua mãe*. Fernando Pessoa, *Obras Poéticas,* Círculo dos Leitores, Lisboa, 1985-1986, t. I, p. 217-18.

E quanto à biografia de João Gaspar Simões, se está cheia de enga-
nos e falsificações que o próprio foi corrigindo ao longo dos anos,
parece-me que, desde Jacinto Prado Coelho, o que se procura o
mais das vezes atacar conjuntamente com ela é a psicanálise.

A CARTA DE 11 DE DEZEMBRO DE 1931

As RELAÇÕES DE PESSOA com a invenção freudiana são algo ambíguas, como se pode verificar no principal documento que existe sobre o assunto, a carta de 11 de Dezembro de 1931 a João Gaspar Simões [4].

Para entender o que se desenrola na correspondência de Fernando Pessoa com João Gaspar Simões (39 cartas de 1929 a 1934), convém recordar aquilo que aconteceu nesse domingo de Junho de 1930 no café *Montanha,* aquando do primeiro encontro do poeta com os jovens admiradores de Coimbra que lhe traziam de novo, com a sua *Presença,* a esperança: José Régio, fortemente desagradado com o atraso, a bebedeira e os desvarios do doido que se dizia Álvaro de Campos, nunca mais quis ver Fernando Pessoa, enquanto João Gaspar Simões se lhe vai manter sempre firme e fiel.

Esta fidelidade, diga-se de passagem, dirá sobretudo respeito à obra escrita e à correspondência, pois quando João Gaspar Simões vem trabalhar para a Imprensa Nacional em Lisboa, não volta a encontrar-se fisicamente com Pessoa. Entre os «presencistas», só Rui

---

[4] Fernando Pessoa, *Obras em Prosa,* op. cit., p. 299 e sg. Cf. também, *Cartas entre Fernando Pessoa e os directores da Presença,* edição e estudo de Enrico Martines, Imprensa Nacional-Casa da Moeda, Lisboa, 1988.

Santos – que assistiu Pessoa quando da sua primeira crise de *delirium tremens* e o alertou para não continuar a beber – e, esporadicamente, António de Navarro continuam a vê-lo.

O encontro na Baixa de Lisboa obrigou Pessoa a fazer uma escolha. José Régio desaparecendo como interlocutor, é a João Gaspar Simões que escreve no dia 28 de Junho de 1930; e, a partir desta data, este vai tornar-se o confidente e guardião da sua memória, o seu crítico e editor privilegiado, mas também e sem que ninguém se tenha apercebido, o seu impossível analista.

Mesmo se nada se encontra no devido lugar, a carta de 11 de Dezembro de 1931 mostra, por assim dizer, o ambiente transferencial de uma sessão analítica, com o seu princípio, meio e fim. Após alguns *antepreliminares*, Pessoa reage à interpretação freudiana que João Gaspar Simões faz dele no *Mistério da Poesia* [5]. Para o efeito, segue a regra da associação livre, pondo em palavras os processos mentais, ou *escrevendo corrente e directamente à máquina*, sem procurar *fazer literatura* [6].

A tonalidade afectiva da carta é a da identificação projectiva: por um lado, Pessoa compara-se com o amigo, fala-lhe de erros semelhantes que cometeu quando era mais novo; por outro lado, ataca partes nocivas do intérprete, que *cresceu mentalmente*, mas não atingiu ainda *o comando dos meios de aprofundamento, e, em parte, busca aprofundar pontos da alma humana que não haverá nunca meios de aprofundar.*

Ciente que o seu *caso* é de *natureza psíquica*, Pessoa fez vários ensaios de auto-análise e de história de uma alma, não sem receio de encontrar no fundo da sua um *manicómio de caricaturas* [...] *um poço sinistro cheio de ecos vagos, habitados por vidas ignóbeis*. Como se

---

[5] João Gaspar Simões, *O Mistério da Poesia,* Imprensa da Universidade, Coimbra, 1931.

[6] Pessoa nunca possuiu a sua máquina de escrever pessoal. É só nos anos 30 que Moitinho de Almeida lhe fornece a máquina profissional com que escreverá vários textos. Até lá, a máquina de escrever representa sobretudo a fractura entre a casa e o escritório. A máquina não depende, pois, da associação de ideias e da literatura, mas pode suscitá-las.

pode ler na referida carta a João Gaspar Simões, há ainda o facto de Pessoa acreditar que existe sempre na alma humana uma zona misteriosa e insondável.

A existência da chamada «psicologia das profundezas», leva-o a um certo número de considerações respeitantes à maneira como a psicanálise alcançou a sua reputação ultra-europeia. Afirma que Freud é um *génio*, e a sua invenção um *critério psicológico original e atraente*, mas que o seu *poder emissor* se transformou numa *paranóia de tipo interpretativo*, da espécie daquela que forma as *religiões* e as *seitas*, ou misticismos políticos como o *fascismo* e o *comunismo*.

Servindo-se de argumentos semelhantes aos de Wittegenstein sobre o estilo sedutor de Freud, Pessoa explica que a psicanálise é uma pseudo-ciência, mas que permite falar de sexo como quem não quer a coisa, o suficiente para satisfazer os espíritos obscenos do tipo *Brasileira do Chiado*, que misturam *masturbações psíquicas* à vasta rede de *onanismos* em que se forma *a mentalidade civilizacional contemporânea* [7]. Segue-se esta denegação: *não quero com isto sequer supor que seja este pormenor do Freudismo o que fez, a V., passes hipnóticos.*

A seu ver (*é sempre «a meu ver»*, sublinha), o *Freudismo é um sistema imperfeito, estreito e utilíssimo.* Contudo, ficamos de seguida a saber que tal imperfeição é sobretudo a do público, que julga que a psicanálise lhe pode fornecer a chave da inexplicável alma humana; e que a estreiteza surge quando este mesmo público pensa que tudo se reduz ao sexual, quando nada se resume a uma única coisa. Por fim, Pessoa diz que a psicanálise é útil porque (lhe) permitiu *afinar a faca psicológica* e *limpar ou substituir as lentes do microscópio crítico*, chamando a atenção para o *subconsciente* (i.e., o inconsciente), a *sexua-*

---

[7] Pessoa afirma que *a moderna literatura é uma literatura de masturbadores*, que *a masturbação leva à pederastia*, mas que se deve fazer uma diferença *entre o homossexual antigo e moderno* (cf. Teresa Rita Lopes, *Pessoa por Conhecer, Roteiro para uma expedição*, v. I, Editorial Estampa, Lisboa, 1990, p. 239). Numa primeira fase, a literatura é encarada por Pessoa do ponto de vista sociológico. É só depois que ela é analisada numa perspectiva psicológica, onde a importância do inconsciente e da pulsão sobressai, em particular no que respeita às vicissitudes sexuais (onanismo, pederastia, etc.)

lidade (a pulsão) e a *translação* (deslocamento, condensação, transferência, etc.) dos elementos psíquicos.

Esta visão pessoal conduz a uma curiosa passagem em que Pessoa confessa que não lê muito Freud e os freudianos [8], mas que não precisou deles para distinguir, pelo simples *estilo literário*, os *três elementos* característicos do *pederasta* e do *onanista* (praticante ou psíquico). Para ilustrar o propósito, diz que conhece cinco perfeitos exemplos de onanistas – entre os quais quatro não fumam nem bebem, e um fuma mas abomina o vinho –, dado que corresponde aproximadamente ao que leu recentemente no curto ensaio de um psicanalista, onde o tabaco e, acrescenta, o álcool, aparecem como substitutos do onanismo.

Os *três elementos* atrás referidos são os seguintes: 1) o *sonho*, porque nele se visiona o outro elemento da cópula. 2) o *desdobramento do Eu*, porque o indivíduo figura narcisicamente como dois no mesmo; 3) o *requinte*, porque o acto sexual tem de ser investido de outras coisas [9].

E quem são os *perfeitos onanistas*? Não é muito fácil encontrar entre os conhecidos de Pessoa com *estilo literário* algum onanista

---

[8] A única obra de Freud que Pessoa tinha na sua biblioteca era uma tradução francesa da *Recordação de Infância de Leonardo da Vinci*. A tradução portuguesa dos *Três Ensaios sobre a Teoria da Sexualidade* só aparece na Ática em 1932, mas Pessoa pode ter tomado conhecimento de obras de psicanálise noutras línguas. De qualquer modo, afirma nesta carta que leu recentemente o estudo de um *psicanalista* relacionando o tabaco com o onanismo. Será que se está a referir à sétima edição (Casa Ventura Abrantes, Lisboa, 1928) da *Vida Sexual* (*Fisiologia e Patologia*) de Egas Moniz? Pessoa conheceu pessoalmente o futuro Prémio Nobel da Medicina e da Fisiologia, pois como conta no prefácio ao livro de António Botto, fez aos dezanove anos e com proveito ginástica sueca a conselho do *Professor*. Mas Egas Moniz é neurologista e não psicanalista. Como na época não havia em Portugal nenhum *psicanalista*, não me espantaria que este fosse um «heterónimo» construído para mascarar o problema pessoal com o argumento de autoridade de um «especialista» dos problemas dos outros.

[9] Teresa Rita Lopes, *op. cit.*, v. II. p. 355-356. Na p. 477 do mesmo volume, podemos ler o seguinte: *o desdobramento do eu é um fenómeno em grande numero de casos de masturbação.*

puro, se entendermos que o onanista não é aquele que, como toda a gente, tem o gozo genital ao alcance dos cinco dedos da mão, mas aquele que apenas conhece a *monosexualidade*. Assim, o único a quem deve dizer verdadeiramente respeito este grau zero do sexo, é ao Pessoa multiplicado por cinco. É preciso não esquecer que a masturbação foi provavelmente a única prática genital de Fernando Pessoa, mas também que ele fez o elogio do onanista, *perfeita expressão lógica do amoroso* [...] *o único que não disfarça nem se engana* [10].

Confessando noutro lugar o amor da sua predilecção, afirma que *nunca amamos alguém. Amamos, tão-somente, a ideia que fazemos de alguém. É um conceito nosso – em suma é a nós mesmos – que amamos.* Encontramos, nesta passagem, uma boa definição do *narcisismo*, conceito que Pessoa também menciona na carta de 14 de Dezembro de 1931 a João Gaspar Simões, mas que diz não querer reconhecer nem comentar quando este se lhe aplica.

Sobre o amor, a carta de 11 de Dezembro transmite uma mensagem precisa. Evocando o caso de Mário de Sá-Carneiro e o seu, Pessoa explica a razão da indiferença sentimental [11] que os caracteriza: *verifiquei sempre que os amadastrados da vida são falhos de ternura, sejam artistas, sejam simples homens; seja porque a mãe lhe falhasse por morte, seja porque lhe falhasse por frieza ou afastamento.* E termina a passagem deste modo: *os a quem a mãe faltou por frieza perderam a ternura que tivessem e (salvo os que são génios de ternura) resultam, cínicos implacáveis filhos monstruosos do amor natal que se lhes negou.*

---

[10] *A cópula é um onanismo disfarçado,* afirma num fragmento não datado publicado por Teresa Rita Lopes. A tese de Pessoa, de origem freudiana, é que o auto--erotismo constitui o grau zero da sexualidade, o narcisismo e a masturbação conduzem, em seguida, à homossexualidade, e, por fim, à heterossexualidade. Pode, no entanto, haver fixações na infância e na adolescência que impeçam a heterosexualidade de se definir no adulto.

[11] Talvez não convenha falar de indiferença sentimental a propósito de Sá-Carneiro, pois este sempre viveu obcecado com as mulheres de outros e de muitos homens, caso da amante do pai, Maria do Cao, e da Helène parisienne, a prostituta com quem viveu os últimos dias em França.

Mas voltemos ao que Pessoa critica mais particularmente no estribilho freudiano entoado por João Gaspar Simões, a saber, as interpretações que procuram assediar o inconsciente a partir do infantil e do sexual. Lembra ao seu intérprete que lhe faltam dados biográficos, confessa-lhe que a sexualidade própria e alheia nunca o interessou [12], e explica-lhe que, se como homem pode ser considerado pelo psiquiatra um *histeroneurasténico* [13], como artista, o crítico deve ver nele e essencialmente um *poeta dramático*.

A distinção rígida entre vida e arte que Pessoa convida agora João Gaspar Simões a fazer, parece contradizer a ideia anterior de que uma prática sexual possa definir um *estilo literário* [14]. Mas Pessoa é o oxímoro, a lógica paradoxal, é A e não A, ou seja, como o inconsciente freudiano, o seu texto não conhece a contradição. Por esta razão, é preferível seguir a divisa pessoana de ser, pensar e sentir *tudo de todas as maneiras*.

---

[12] A confissão é falsa, se admitirmos o que diz o pré-heterónimo Marcos Alves, isto é, que a *sua sexualidade enchia todo o cérebro*; ou, então, o que contou o seu camarada Geerdts da *High School*, a saber, que o jovem Fernando Pessoa *tinha em seu poder algumas bandas desenhadas francesas e portuguesas indecentes*. Compradas aonde e feitas por quem? Talvez em Lisboa, Tavira ou Angra, quando veio a Portugal, ou, então, feitas pelo próprio, do mesmo modo que desenhou bonecos e compôs jornais inteiros (*A Palavra, O Palrador, O Pimpão*, etc.). Sem esquecer os textos pornográficos e escatológicos, como *A Vantagem dos Caralhos*, lembro que o tema da sexualidade estará sempre bastante presente na prosa e poesia de Pessoa.

[13] Para a psiquiatria da época, a *histeria* é uma psiconeurose com crises espectaculares e sintomas de conversão somática, e a *neurastenia* uma neurose com sintomas funcionais (digestivos, etc.) e sensoriais (dores de cabeça, etc.), conduzindo à astenia muscular permanente e à abulia. Mas mesmo se utiliza as categorias psiquiátricas em vigor para se auto-diagnosticar, Pessoa considera que o psiquiatra só consegue ver o sintoma de fora, ou que o seu olho clínico nunca atinge o que pensa e sente o doente mental (cfr. Teresa Rita Lopes, *op. cit.* p. 31-32).

[14] Noutro local, a propósito do *histero-neurasténico* Shakespeare, Pessoa diz que *a base do génio lírico é o histerismo*. A histeria pôde também ser vista por Pessoa como a realidade psíquica que está na origem do *sensacionismo* ou *literatura das sensações*.

Ao evocar a poesia dramática, Pessoa parece querer entregar a João Gaspar Simões a *chave* [15] que lhe falta para compreender a sua obra artística. Contudo, não deixa de o avisar que, enquanto artista, não sabe senão mentir, propósito que respeita o princípio aristotélico-freudiano do *proton pseudos* [16]. Como o criador de *dramas em almas*, o poeta é um *fingidor* [17], que pode evocar o sino da sua aldeia natal tendo nascido na capital, ou chorar a sua infância como *futurista*, sem ter saudades de coisa alguma.

Pessoa avisa sobretudo João Gaspar Simões de que há uma questão de método a respeitar: primeiramente, o crítico deve estudar o artista enquanto artista; em segundo lugar, deve procurar a explicação central deste mesmo artista (no caso, poeta dramático, e não épico, ou lírico); e, finalmente, até porque o público é *estúpido*, aquele que discrimina a verdade de um texto deve ser um diplomata, para não agredir, rebaixar e ferir o artista que criou a obra pela qual o crítico se interessa.

Antes do *post scriptum*, Pessoa termina a carta como a começou, com a pressa de ir beber algures, mas não sem prometer de a reler para emendar os erros ou corrigir os lapsos.

---

[15] No entanto, no *Livro do Desassossego*, a propósito da comunicação artística da identidade íntima, podemos ler o seguinte: *tenho a chave para a porta do meu tema. Escrevo e choro a minha infância perdida*. Diga-se, no entanto, que Pessoa tem sempre uma grande dificuldade em falar da infância na primeira pessoa do singular.

[16] A *primeira mentira* que Freud descobre na histeria não se deve unicamente ao fantasma, mas também, como explicou Lacan, à linguagem, dado que o significante não é a coisa, nem o significado. O *Livro do Desassossego* diz o seguinte: *servimo-nos das palavras, que são sons articulados de uma maneira absurda, para em linguagem real traduzir os mais íntimos e subtis movimentos da emoção e do pensamento* [...] e *assim nos servimos da mentira e da ficção para nos entendermos uns aos outros.* Mais ainda do que o sonho, a mentira é a *linguagem ideal da alma*, aquela que traduz o intraduzível. É por esta razão que a *prosa* que Bernardo Soares eleva a essência da arte acaba por conter *todo o mundo*, ou é mais real do que aquilo (emoção, ritmo, cor, forma, ideia, etc.) que se supõe estar antes ou fora da linguagem. Por sua vez, o fingimento ou a finta poética é a fé na palavra que nomeia ou cria tudo a partir do nada.

[17] Cf. o célebre poema *Autopsicografia*.

É esta pressa que torna as coisas particularmente interessantes. Primeiro, Pessoa despacha o seu interlocutor dizendo que não lhe falou da *vontade de música* por nada saber da razão desta expressão natural *estorvada* (recalcada) [18]. Depois, afirma que foi levado a fazer uso de duas metáforas – *afiar a faca psicológica* e *limpar ou substituir as lentes do microscópio crítico* [19] – que *não deixariam de ser interpretadas por Freud como imagem fálica e imagem iónica* [20]. Irritado, manda, então, Freud (e consequentemente todo aquele que faz função de analista) para os *raios que o partam.*

Apesar de toda a encenação epistolar, Pessoa percebeu realmente, *in fine,* que os dois termos que tinha inadvertidamente empregues na sua mensagem escrita o denunciavam. Ou seja, sem querer, confessara que a frieza e o afastamento da mãe o fizeram falhar na capacidade de amar, forçando-o a substituir o amor objectal pelo narcisismo [21].

---

[18] Convém recordar aqui a *absorção musical* dos membros da família Pessôa: viviam ao lado da Ópera de S. Carlos, a mãe tocava piano, e o pai era um melómano, responsável pela crítica de musicologia no *Diário de Notícias.* Mesmo se o tema da «música» não está muito presente na obra de Pessoa, podemos encontrar de vez em quando versos como estes: *Pobre velha música/Não sei por que agrado,/Enche-se de lágrimas/Meu olhar parado. Recordo outro ouvir-te,/Não sei se te ouvi/Nessa minha infância/Que me lembra em ti* (cf. Fernando Pessoa, *Obra poética,* v. I, opus, cit. p. 212.). A outro nível, há sempre música no coração do artista e cadência musical na construção literária.

[19] Na realidade, Pessoa utiliza da primeira vez o termo *afinar* e só depois *afiar.* Entretanto, perdeu-se um *n,* que pode referir a *n* coisas, como, por exemplo, à primeira letra do apelido da mãe (Nogueira), perdida por *frieza* e *afastamento.* A afinação da metáfora da faca afiada acentua o corte do bisturi, enquanto a do microscópio mobiliza o olho discriminador e a articulação das lentes na visão do imperceptível. Estas imagens instrumentais apoiam a tese de que a psico-análise visa a cientificidade, mas não é uma ciência como a anatomopatologia, a óptica geométrica, ou a química.

[20] Pessoa – que escreveu também um tratado de luta-livre – pode tentar passar aqui uma rasteira a Gaspar Simões. De facto, que Ion se refira ao herói antigo, ou ao conceito da Física moderna, Freud nunca fala de *imagem iónica.*

[21] Na gramática do amor resfriado, é o narcisismo que coloca Pessoa na posição do objecto (não) amado: *quando digo que sempre gostei de ser amado, e nunca amar, tenho dito tudo.*

Mas, se além de *afiar a faca*, o onanista precisa ainda *limpar ou substituir as lentes do microscópio*, é porque há também nele um voyeurismo, com o ponto cego que Freud referiu a Édipo e à castração: *os momentos mais felizes de minha vida foram sonhos, e sonhos de tristeza, e eu via-me nos lagos deles como um Narciso cego que gozou [...] com um cuidado materno em preferir-se* [22].

---

[22] Fernando Pessoa, *O Livro do Desassossego*, Obras em Prosa, v. I, Círculo de Leitores, Lisboa, p. 142.

JOÃO GASPAR SIMÕES
E A POSTERIDADE FREUDIANA

JOÃO GASPAR SIMÕES era um jovem licenciado em direito muito interessado pela criação literária, e que tentava há alguns anos compreender o fenómeno Pessoa a partir daquilo que podia conhecer da obra de Freud. Na época e em Portugal, se exceptuarmos Egas Moniz [23], o seu primeiro ensaio de «psicanálise aplicada» (*Temas*, 1929) era algo de relativamente inédito. Mais tarde, o esforço de interpretação que forneceu com a *Vida e Obra de Fernando Pessoa* [24] fizeram dele o primeiro grande biógrafo do poeta, aquele a quem todos os outros são obrigados a regressar [25], quer seja para colher informações, quer seja para desenvolver ou criticar o seu trabalho pioneiro.

---

[23] O primeiro trabalho de Egas Moniz sobre Freud data de 1915 (cf. *As bases da psico-análise*, lição inaugural do Curso de Neurologia in *A Medicina Contemporânea*, 33:77). É mais tarde que Egas Moniz deixa momentaneamente a sua audiência médico-psiquiátrica para tentar alguns ensaios de *psicanálise aplicada* a obras literárias (sobre Júlio Dinis em 1924, e Camilo Castelo Branco em 1925). A partir de 1925, as referências à psicanálise desaparecem de novo na sua obra.
[24] João Gaspar Simões, *Vida e Obra de Fernando Pessoa – História duma Geração*. Bertrand, Lisboa, 1950. João Gaspar Simões tinha já anteriormente publicado um livro de psicanálise aplicada sobre *Eça de Queiroz, O Homem e o Artista* (1945).
[25] Como confessa o último grande biógrafo de Pessoa, Robert Bréchon (cf. *L'étrange étranger*, Christian Bourgois Éditeur, Paris, 1996).

A grande tese de João Gaspar Simões não é só que Pessoa foi *o menino da sua mãe*, mas também que o deixou um dia de ser. Dito de outro modo, a vida e a obra de Fernando Pessoa reflectem sobretudo a angústia da perda do amor.

De facto, após ter ficado sem pai, sem casa e sem irmão [26], o pequeno Fernando António agarrou-se ao único ponto de referência que lhe restava, a terna e previdente mãe que esmeradamente o educara. Só que a jovem viúva (31 anos) acabou por abreviar o luto devido aos defuntos e instalar a frieza do afastamento na relação com o filho, ao namorar e depois casar por procuração com o oficial da marinha João Miguel Rosa, novo cônsul de Portugal em Durban.

O casamento de Maria Magdalena Nogueira Pessôa (que passará a chamar-se Rosa) obrigava-a a partir para a colónia britânica do Natal no Transval (África do Sul). Hesitou, então, se havia de levar o seu filho consigo ou deixá-lo em Angra (Açores) com a sua família. As opiniões e os interesses divergiam. Fernando António acabou também por exprimir o seu desejo: pegou na pena e no papel, e transformou a dor sentida numa primeira quadra que decidiu do seu futuro [27]:

À minha querida Mamã

Ó terras de Portugal
Ó terras onde nasci
Por muito que goste delas
Inda gosto mais de ti

---

[26] Joaquim Seabra Pessoa adoece no início de 1893 e morre em 13 de Julho do mesmo ano, vítima de tuberculose. A viúva leiloa a maioria dos haveres e muda para uma residência mais modesta (a da sogra) em Novembro. Dois meses depois falece também de tuberculose o pequeno irmão de Fernando, Jorge, com apenas um ano de idade.

[27] Destinatária da primeira e da segunda poesia (*Avé Maria*), a mãe não é a primeira leitora, lugar sempre reservado a quem escreve. Ela ocupa o lugar do Outro do desejo de reconhecimento, devendo, por esta razão, ser a primeira a decifrar a mensagem de amor e de dor do sujeito. Pessoa disse um dia que nunca

A decisão foi tomada. Mas, no desterro africano, longe de Portugal e da sua língua, Fernando sente que deixou de ser o *menino da sua mãe,* que esta andava cada dia mais ocupada com os afazeres e rebentos do seu segundo matrimónio.

Sobretudo, percebe que nunca mais viverá o tempo em que festejavam o dia do seu *aniversário,* em que *era feliz e ninguém estava morto,* que só lhe restava sonhar com o paraíso perdido de uma infância cada dia mais intemporal e idealizada, e esperar que o sonho abra caminhos que embelezem o insuportável real.

A *Mamã* guardará, todavia, um lugar basilar na realidade psíquica do filho, como testemunha este fragmento não datado: *a mãe em nós é mais forte do que o pai.* Como veremos, é com a mãe grávida que Fernando se identifica quando dá à luz as personagens irreais do seu sonho; pouco depois da mãe adoecer gravemente em Pretória em 1915, experimenta em Lisboa fenómenos paranormais; quando ela regressa a Portugal em 1920, julga que enlouqueceu e quer internar-se numa casa de saúde; e após a morte da mãe em 1925, entra num desequilíbrio que não conseguirá mais compensar, nem com a literatura, nem com os maços de cigarros, nem com o vinho tinto e a aguardente.

É esta *forte* influência da *Mamã* sobre a vida e a obra que fascinou João Gaspar Simões, mas também a maioria dos pós-freudianos que se debruçaram sobre o caso Fernando Pessoa. Isto é óbvio para os kleinianos e os bionianos, pois consideram normalmente o pai como uma personagem secundária do *romance familiar,* ou pensam que são as posições *esquizoparanóide* e *depressiva* do bebé na relação precoce com o objecto materno que dominam todo o psico-

---

gostou de escrever à sua mãe, porque gostava dela e, assim, sentia mais a sua falta. Mesmo se procura furtar-se à obrigação de escrever e antedata por vezes a correspondência para Durban, sempre lhe foi escrevendo, e é à mãe que envia, em missiva para Pretória de 1914, a notícia daquilo que pensa ser daí a cinco ou dez anos: *um dos maiores poetas contemporâneos.* Pena é que a família materna tenha feito desaparecer toda esta correspondência, onde podemos imaginar uma mãe distante dando conselhos e fazendo reprimendas a um filho que tarda a mandar (boas) notícias.

drama interno. Apesar destas tentativas de interpretar e ultrapassar o inventor da psicanálise, o que se devia continuar a explicar é a razão pela qual não é à mãe, mas ao pai, que Freud atribui o maior peso na estruturação e destruturação da personalidade psíquica do sujeito.

A atitude inicial dos alunos de Lacan que escreveram sobre Pessoa é ainda outra, na medida em que se interessam menos pelo papá-mamã e mais pelo *inconsciente estruturado como uma linguagem*. A vantagem imediata, é que se torna possível decifrar conjuntamente o mistério da palavra falada e escrita, ou seja, o que se chamava até então a *vida* e a *obra* de Pessoa.

Lacan não conhecia, ou, se conhecia [28], nunca citou Pessoa. Também por esta razão, os seus alunos demoraram algum tempo a interessarem-se pelo escritor português. Os primeiros que o fizeram, sublinharam sobretudo a dimensão significante da obra. Acontece que quase todos os textos desta época foram escritos por professores de literatura brasileiros [29], que não estavam ainda devidamente esclarecidos sobre a lógica do percurso de Lacan e a prática da psicanálise.

A nova vaga de psicanalistas lacanianos a dedicar-se a Pessoa é diferente, pois inspira-se mais no princípio de que a linguagem é um *aparelho de gozo* [30]. No âmbito da Escola Europeia de Psicanálise, poderei citar, a título de exemplo deste novo interesse, o artigo de Paulo Siqueira, intitulado *Pessoa, seul et multiple* [31]; ou os propósitos que proferiu numa conferência em Lausanne, onde afirmou preferir colocar-se na posição de *analisando* diante do génio do escritor

---

[28] Lacan pôde ter tomado conhecimento do interesse de Pessoa em 1968, através do artigo que o seu amigo, o linguista Roman Jakobson, escreveu em colaboração com Luciana Stegagno Picchio. (Cf. Roman Jakobson, *Les oxymores dialectiques de Fernando Pessoa* in *Questions de poétique*, Seuil, Paris, 1973).

[29] Uma das primeiras a estrear-se foi a então jovem Leyla Perrone Moisés (cf. Leyla Perrone-Moisés, *Notas para uma leitura lacaniana do vácuo-Pessoa* in *Actas do 1.º Congresso Internacional de Estudos Pessoanos*, Porto, 1978, p. 475-469).

[30] Jacques Lacan, Le Séminaire, Livre XX, Encore, Paris, 1975, p. 52

[31] Cf. *Nuncius,* op. cit., p. 29.

português, na medida em que a sua obra o obriga a reanalisar alguns dos problemas da psicanálise aplicada ao nosso século, como a introduzir nela o afecto do *desassossego*, enquanto sinal da crise do sujeito moderno face à subida ao zénite do discurso da Ciência.

A METÁFORA PATERNA

PARA QUE SE POSSA ENTENDER porque é que o «caso Pessoa» excede o que há de típico em todo o ser humano, é conveniente começar por lembrar que o *núcleo* do psiquismo que Freud chamou de *complexo de Édipo,* uma vez colocado ao nível da estrutura de linguagem do inconsciente, é uma metáfora. A *metáfora paterna* [32] consiste na substituição significante do *Desejo da Mãe* pelo *Nome--do-Pai;* e o resultado é a significação fálica que adquire o sujeito como objecto do desejo do Outro (A):

$$\frac{\text{Nome-do-Pai}}{\text{Desejo da Mãe}} \cdot \frac{\text{Desejo da Mãe}}{\text{significado do sujeito}} \rightarrow \text{Nome-do-Pai} \frac{(A)}{\text{Falo}}$$

Para uma maior simplificação, reduzo desde já o *Nome-do-Pai* ao patronímico Pessôa (com a antiga ortografia), e o da mãe a Maria Madalena, dado que Fernando Pessôa jogou desde muito cedo com estes dois significantes do *Desejo da Mãe* (Virgem e Prostituta). Obtemos, então, a seguinte fórmula, em que Φ (x) é a função fálica ou de castração:

$$\frac{\text{Pessôa}}{\text{Maria Madalena}} \rightarrow \Phi \text{ (x)}$$

---

[32] Jacques Lacan, *Écrits*, Seuil, Paris, 1966, p. 557.

A *metáfora paterna* processou-se normalmente para Fernando Pessôa até aos cinco anos, idade a partir da qual o pai morre e se produz a sequência traumática das perdas que referimos atrás.

O casamento de Maria Madalena com o Cônsul João Miguel Rosa vai interferir particularmente na transmissão normal do significante paterno, mais que não seja porque a mãe deixa de referir o seu desejo ao primeiro esposo e troca de apelido ou assume o nome de Rosa. *Hic Rosa, hic salta*:

$$\frac{\text{Rosa}}{\text{Maria Madalena}} \rightarrow \Phi\ (x)$$

A metáfora da Rosa mostra a substituição do poder paterno, simbolizado pelo apelido e a posse do falo. Fernando pode, então, «ver» a sexualidade do pai ceder o lugar à do padrasto, cujas «obras» nocturnas ou ocultas se tornam visíveis nas muitas gravidezes da mãe.

Com esta substituição, é também a sexualidade dos Pessôa que cede o seu lugar à dos Rosa. Acontece que Maria Madalena nunca conseguiu fazer de Fernando um Rosa, um Rosa afoito e guerreiro, ou pelo menos militar, como eram os homens da família do seu novo marido, mesmo se estes estavam pouco nos quartéis e mais em carreiras consulares, ou na cama.

Fernando apenas assumirá um dia o nome da *Rosa* enquanto símbolo da poesia universal [33]. É através desta veia poética que elege já em Lisboa o irmão do padrasto, o general Henrique Rosa, como amigo de boémia e poeta (alcoólico) que publica numa antologia.

A Rosa do sacrifício estará também presente na vida de Fernando Pessôa através da simbologia dos *Rosa-Cruz*; e da esperança no *Quinto Império* veiculada por uma tradição que remonta ao monge

---

[33] O *Roman de la Rose* (século XIII) de Jean de Meung opõe à obra segundo o corpo a obra segundo a alma, ponto de partida do canto de *fine amor* de Guillaume de Lorris.

calabrês Joaquim de Fiore (século XII) [34]. Ela estará ainda patente numa personalidade literária que lhe é muito próxima, Álvaro de Campos, quando afirma: *a minha cruz está dentro de mim.*

Mas voltemos a Durban. Em casa do padrasto, Fernando é o único portador do nome *Pessôa,* o que o fixa numa posição existencial e sexual semelhante à de Hamlet [35], com os efeitos de identificação melancólica que não deixou de assinalar a propósito da personagem de Shakespeare.

Este «complexo de Hamlet» permite desde já entender porque é que no vocabulário da psicopatologia da época Fernando Pessoa não deva ser considerado um *psicótico.* Apesar do medo da loucura que sempre lhe inspirou a *hereditariedade carregada do lado paterno* [36], Pessoa considerava-se *um histeroneurasténico com predominância do elemento histérico na emoção e do elemento neurasténico na inteligência e na vontade,* noutros termos, um histérico com fortes traços obsessivos.

Nas *Páginas Intimas de Auto-interpretação* acrescenta o seguinte: *sou um temperamento feminino com uma inteligência masculina. A minha sensibilidade e os movimentos que dela procedem, e é nisto que consistem o temperamento e sua expressão, são de mulher. As minhas faculdades de relação – a inteligência e a vontade, que é a inteligência do impulso – são de homem.*

---

[34] Podemos ler uma versão desta velha história no *Nome da Rosa* de Umberto Eco. Alfredo Margarido, no seu prefácio à tradução do *Retrato do Artista Quando Jovem* (Difel, Lisboa) de James Joyce, indica que Fiore se vincula a uma tradição messiânica irlandesa.

[35] É a dupla mãe atrás referida – a virgem imaculada e a puta – que cometerá o «pecado» da rainha de *Hamlet.*

[36] Pessoa leu na sua juventude e em francês *A Degenerescência* de Max Nordau, livro que lhe permitiu entender de modo mais «científico» o perigo que representava para ele a pesada hereditariedade da avó louca com quem vivera em Lisboa (e junto à qual acabou por ser sepultado no Cemitério dos Prazeres), D. Dionísia Seabra. Morel, que lançou para o mundo o conceito de *degenerescência,* diz o seguinte: *o ser humano degenerado, se abandonado a si próprio, cai numa degradação progressiva. Torna-se [...] não apenas incapaz de tomar parte na cadeia de transmissão do progresso da sociedade humana, como constitui o maior obstáculo a esse progresso, pelo seu contacto com a parte saudável da população. Felizmente a duração da sua existência é limitada, como o é a de todas as monstruosidades.*

Para além deste *temperamento feminino* e *inteligência masculina*, houve também tendências pederastas, ansiedades e fobias, impulsos sádicos e estados alternados de depressão e exaltação, mas nunca recorreu como paciente a nenhum especialista de doenças mentais [37], nem nunca foi internado num manicómio. Como também não existem provas de que tenham havido fenómenos elementares de psicose, em particular alucinações verbais [38], não convém evocar a seu respeito aquilo que no ensino de Lacan começou por definir o psicótico, a saber, a *preclusão* do *Nome-do-Pai* [39].

Foi a *tuberculose* [40] que tornou periclitante a função simbólica (de nomeação e castração) do pai real. A tuberculose não só privou o garoto de cinco anos do chefe de família e do primeiro modelo da identificação viril, como impediu que este pudesse vir a representar um papel paterno relativamente ao pequeno irmão Jorge. Sobretudo, foi a tuberculose que provocou os acontecimentos que

---

[37] A famosa carta que escreveu a dois psiquiatras franceses para obter informações sobre *um curso de magnetismo pessoal por correspondência* que lhe seria útil para tratar os sintomas psiconeuróticos que lhes descreve nunca foi enviada.

[38] Num texto publicado por Teresa Rita Lopes (*op. cit.,* v. II, p. 25), Pessoa parece descrever certas alucinações verbais que teria tido em criança, mas uma expressão que utiliza nesta descrição – *parecia-me que* – retira-nos a dúvida, na medida em que ao psicótico as vozes alucinadas não parecem, existem realmente.

[39] Mário Saraiva, em *O Caso Clínico de Fernando Pessoa* (Referendo, Lisboa, 1990), afirma que Pessoa sofria de uma *esquizofrenia* mista, com estados hebefrénicos e paranóicos. Considera que nada no caso é inexplicável pela medicina psiquiátrica actual, para quem a esquizofrenia não é uma perturbação funcional, mas uma doença mental assentando num substrato anatomopatológico. Ora, mesmo se Pessoa conheceu fenómenos psíquicos semelhantes aos da *esquizofrenia paranóide* de Bleuler (espírito cindido, despersonalização sem perda da actividade epistolar e literária, produções delirantes ligadas à assunção de um poder messiânico, significações pessoais de tudo o que rodeava, etc.), não seguirei, pelas razões já apontadas e as que indicarei mais à frente, o critério diagnóstico escolhido por Mário Saraiva, nem o das descrições comportamentais da série DSM (por exemplo, no que refere aos *Dissociative identinty desorder*).

[40] Como contou a sua meia-irmã Henriqueta, Fernando Pessoa não tinha só receio de ficar louco (o que prova uma vez mais que não o era completamente), mas também de morrer de tuberculose como o pai (e o irmão Jorge).

ACERTO DE CONSIGNACAO Nr.: 1399

Nome ....: JULIANA DE OLIVEIRA
CNPJ/CPF : 84246502120   Inscricao/RG : 3567569DGPCGO   Fone : 3202 2318
Endereco : RUA 04 QD I LT 19
Cidade ..: GOIANIA-GO   CEP .: 74615-090

REFERENCIA	DESCRICAO	CODIGO	QTDE	DEVOLUC.	RECONSIG	VENDA	PRECO	DESC.	LIQUIDO
	ADOLESCENTE EM DESENVOLVIMENTO	4692	1	1	0	0	38,50	20	0,00
	BASES BIOLOGICAS DOS TRANSTORNOS PSIQUIATRICOS	3417	1	1	0	0	112,00	20	0,00
	BION E O FUTURO DA PSICANALISE	19851	1	1	0	0	29,50	20	0,00
	CID 10 CLASSIFICACAO DE TRANSTORNOS MENTAIS E DE COMPOR	3010	1	1	0	0	89,00	20	0,00
10036	DEZ HABITOS DA MEMORIZACAO	27613	1	1	0	0	26,90	30	0,00
	DIFICULDADES DE APRENDIZAGEM NA ALFABETIZACAO	792	1	1	0	0	36,00	30	0,00
Z1241	DOR FISICA	16630	1	1	0	0	14,90	30	0,00
	ESTRUTURAS DA MENTE	3066	1	1	0	0	65,00	20	0,00
	FUNDAMENTOS PSICANALITICOS	3677	1	1	0	0	122,00	20	0,00
	GRUPOS PSICOEDUCATIVOS	25743	1	1	0	0	38,00	20	0,00
60074	HIPERATIVIDADE	5597	1	1	0	0	29,60	30	0,00
	HISTERIA TEORIA E CLINICA PSICANALITICA	15840	1	1	0	0	39,00	30	0,00
28899	INTERVENCOES GRUPAIS NOS DIREITOS HUMANOS	5440	1	1	0	0	33,90	30	0,00
Z1148	MITO INDIVIDUAL DO NEUROTICO	16313	1	1	0	0	34,00	30	0,00
	NEUROPSIQUIATRIA INFANCIA E ADOLESCENCIA	1015	1	1	0	0	44,00	30	0,00
10122	PSICOLOGIA SOCIAL ARTICULANDO SABERES E FAZERES	1024	1	1	0	0	47,00	30	0,00
	PSICOTERAPIA DE GRUPO TEORIA E PRATICA	3224	1	1	0	0	114,00	20	0,00

QUE É BRASIL Estudos Culturais

ZIZEK SUJEITO NA PSICANALISE DE FREUD A LACAN   25025
VOCABULARIO CONTEMPORANEO DE PSICANALISE   37075
                                             7289

TOTAL:

Vendedor :   252/FLAVIO ANTONIO DA SILVA
Ref. : 10732,18095,11074

LUIS   1   1   HardSystem - AcertoTitulo

levaram à censura do *Nome-do-Pai* na fala da mãe, facilitando a detenção do falo por esta, seguida da passagem do testemunho para o Comandante João Miguel Rosa, rival muito mais poderoso e inatingível que João Seabra Pessoa. Fernando não adoptará aqui o mesmo comportamento que Baudelaire, não se revoltará contra o homem da mãe, nem passará a amar mulheres monstruosas. Como Mallarmé, preferirá fazer da vida, Livro, e do resto, literatura.

A morte do pai, a perda do amor materno e o afastamento de Portugal e da sua língua, levam o pequeno Fernando a fechar-se cada vez mais no seu mundo interno, que povoa com *amigos e conhecidos* irreais, que a leitura de *novelas de mistério e de horríveis aventuras* ajuda a imaginar. Apenas se abre ao exterior para fazer os seus estudos na *Convent School* de Durban, estudos que serão brilhantemente impulsionados na *High School* pelo *Headmaster* Nicholas, e coroados, em seguida, já como aluno da *Commercial School* [41], com o Prémio de estilo inglês Rainha Vitória da Universidade do Cabo (1903). Mas o seu êxito na África do Sul como aluno estrangeiro não foi suficiente para reconquistar a exclusividade do amor materno e ter direito à bolsa que lhe permitiria tirar um Curso Superior na metrópole, Londres, Oxford ou Cambridge. Sentindo-se a mais no ninho de cucos de Durban, regressa só e definitivamente a Lisboa com 17 anos, onde vai desistir de fazer estudos universitários, esban-

---

[41] A mudança do liceu para a escola comercial fazia certamente parte dos planos da família Rosa para integrar futuramente o jovem Fernando – que não podia beneficiar da bolsa de estudos por não ser *cidadão* nem *súbdito* britânico como os meios-irmãos – na vida económica do Natal. Fernando, que deve ter aceite à partida a ideia, decidiu em seguida de outro modo, regressando a Portugal, onde a sua formação económica, comercial e publicitária lhe foi também de grande utilidade. Em Lisboa, procurou utilizar em seu proveito a estrutura do capitalismo, agindo como agente ou representante das grandes empresas. No entanto, a sua profissão de *correspondente em línguas estrangeiras*, apesar de próxima do patronato, nunca lhe deu tranquilidade de rendimentos, nem acesso ao «paraíso» de uma reforma (cf. Fernando Pessoa, *Economia & Commercio*. A cura di Brunello de Cusatis, postfazionne di Alfredo Margarido, Ideazione Editrice, Roma, 2000).

jar uma pequena herança [42], e escrever, por intermédio de Bernardo Soares, *a minha pátria é a língua portuguesa* [43].

Mesmo se evoco estes aspectos do retrato do artista enquanto jovem, queria salientar que é ao nível da linguagem como *aparelho de gozo*, em particular das línguas francesa [44], inglesa e portuguesa,

---

[42] Durante um certo tempo Fernando gastou o dinheiro que herdou por morte da avó Dionísia, em particular investindo numa tipografia que nunca chegou a funcionar devidamente. Existe também nesta época algo que ainda não foi esclarecido: com o dinheiro da avó, ele podia ter ido para Inglaterra prosseguir os seus estudos, mas não foi, porque, como conta num *Diário* em inglês publicado por Teresa Sobral Cunha na *Colóquio Letras* da Gulbenkian, tal só valeria a pena se fizesse a *operação*. De que *operação* se trata? Alfredo Margarido questionou se o problema da «impotência» de Pessoa não residiria nalguma malformação do pénis? E João Peneda se a *operação* não seria uma circuncisão, dado que o regresso à pátria foi também um regresso ao pai e às origens judias do cristão-novo. Ora, como Pessoa nunca chegou a seguir os rituais da religião judaica, esta circuncisão-castração não se chegou a efectuar. Sobre tudo isto nada se sabe, pois Pessoa manteve o segredo, e a família materna sempre ficou calada sobre este e outros assuntos. Lembro, ainda, que o jovem que compra a Íbis em Portalegre acaba de fazer 19 anos, logo que este gesto de emancipação não impede que seja legalmente menor, facto que pode ter impedido de levar devidamente a cabo a *operação* (financeira) que fez. O retorno ao pai pode também ser ilustrado pelo facto de Fernando Pessoa ter mostrado preferência e pedir dinheiro emprestado para ir comer à *Casa Pessôa* na rua dos Douradores, como se fosse necessário ir alimentar-se à casa do *Nome-do-Pai*.

[43] Como explicaremos adiante, o português da sua «renaturalização» não será reivindicado como língua materna ou *mátria* (Natália Correia), mas como língua *pátria*. A língua que teimamos em chamar *materna* é normalmente a língua nacional, no caso, a estrutura significante de todos aqueles que falam e escrevem português.

[44] Forçando um pouco o significado usual do termo, podíamos dizer que o francês foi a «língua materna» de Pessoa, a língua particular que a sua mãe precocemente lhe ensinou. Aos cinco anos já a sabia falar e escrever, e os nomes das suas primeiras personagens irreais eram franceses. É em francês que lê e escreve muito do que toca à sexualidade e às perversões, como é ainda em francês que compõe uma das suas últimas poesias, dedicada à falecida mãe: *Maman, maman/ /Ton petit enfant/Devenu grand/N'en est que plus triste*. Apesar de ter ganho um prémio em Durban, Pessoa nunca teve grandes competências em francês, mas à medida que os anos passavam, sentiu que perdia tudo o que tinha possuído desta «língua» estranha e maternalmente familiar.

que Fernando Pessoa elabora a sua resposta real à questão da paternidade.

A originalidade do seu «caso», isto é do que lhe calhou, começou a dever-se ao facto da *metáfora paterna* ir cedendo o seu lugar a uma outra, onde o significante da lei do desejo é substituído por *Fernando Pessôa* enquanto nome de futuro autor, e a função fálica pela função do escrito [45]:

$$\frac{\text{Fernando Pessôa}}{\text{Maria Madalena}} \quad f \text{ (escrito)}$$

Mas esta substituição exige uma explicação suplementar sobre o número de prestidigitação que Fernando faz ao destino que lhe traça o sobrenome Pessôa.

Retomemos, pois, o problema levantado por *Pessôa* (antiga ortografia), pois é este significante tirado do chapéu do mágico que explica em grande parte o vácuo, a unidade e a multiplicidade heteronímica.

Pessôa é o nome de família que liga Fernando ao pai (morto) e à sua linhagem de *fidalgos e judeus*. Esta genealogia − que o filho burguês tenta reconstruir juntamente com o brasão familiar − não é indiferente. Primeiro, devido ao forte recalcamento que pesa na religião judaica sobre o *Nome-do-Pai*, a interdição de pronunciar o nome de Deus no judaísmo tendo provocado o esquecimento das suas vogais e a perda da pronunciação das quatro consoantes (YHVH). A este recalcamento, deve acrescentar-se a repressão dos judeus em Portugal, que foram perseguidos, julgados e queimados pela Inquisição, ou forçados a converter-se ao cristianismo sob pena de expulsão. Pessôa é, pois, um nome de cristão novo, que carrega

---

[45] Insisto sobre o facto de que Joaquim Seabra Pessoa escrevia e publicava, em particular, era o responsável pela crítica musical no jornal mais lido na época em Portugal. O interesse de Pessoa pelos «escritos» do pai é muito precoce, pois levou para África, e trouxe de lá (numa mala prenúncio da futura e mítica arca), juntamente com as suas «obras», o maço de cartas que o pai enviara à mãe durante a estadia final em Belas.

em si uma forte despersonalização da personalidade judia, ou a aniquilação do judeu [46].

Pessôa é ainda uma palavra portuguesa que *se aplica a esta ou aquela pessoa* (a qualquer pessoa do sexo masculino ou feminino, viva ou morta), mas também a *toda a gente*, isto é, à *pessoa comum a todas as pessoas*.

Como *personagem* e *personalidade*, *Pessôa* vem do latim *persona*, a máscara etrusca que chegou a Roma. Esta está associada a *personare*, falar alto, como devia soar a voz do actor no teatro antigo. Em grego, máscara é a mesma palavra que rosto, *prosopon*. Na máscara que se agarra à cara, existem a *voz* e o *olhar*, assim como o *vácuo* que a habita e em torno do qual se criou. Neste caso, é *outis*, literalmente *ninguém*, que melhor mostra o avesso da máscara, o lugar vazio que pode ser ocupado, em virtude de uma obra de linguagem, pelo histrionismo histérico das *dramatis personae*: *sou a cena viva onde passam vários actores representando várias peças* [47].

Outis é também o nome que se atribui Ulisses – fundador epónimo da cidade de Lisboa-*Olisipo* [48] – na caverna de Polifemo, o Ciclope multi-falador, *bonito nome para o inconsciente* (Lacan).

Na tradição literária portuguesa, encontramos uma cena idêntica à da *Odisseia* na peça *Frei Luís de Sousa* de Almeida Garrett, quando D. João de Portugal, mascarado de romeiro, responde àqueles que o interrogam sobre a sua verdadeira identidade que é *Ninguém*. Nesta cena, o peregrino, que se encontra privado do significante

---

[46] Esta aniquilação também se faz sentir do lado da família da mãe, que não é judia. No entanto, Pessoa afasta-se cada vez mais do Deus dos católicos e dos cristãos novos (o Deus da mãe e do pai), assim como do Eloim do Antigo Testamento (mais próximo do politeísmo), para promover o neo-paganismo. Todo este processo repousa no entanto num sentimento anti-religioso muito forte (*religião* significa etimologicamente re-ligação...ao Outro), como prova ainda o facto de que, tendo falecido num hospital católico, o Saint-Louis dos Franceses em Lisboa, não houve confissão nem missa.

[47] F. Pessoa, *O Livro do Desassossego*, op. cit., p. 45.

[48] Ulisses surge também no início da *Mensagem* de Fernando Pessoa. Lembro, ainda, que o poeta criou uma editora em Lisboa chamada *Olisipo*.

que o representa para os outros significantes, apenas pode deixar soar a voz de Ninguém [49].

Esta ambiguidade fundamental está presente nas línguas vivas com que Fernando mais conviveu. Assim, a palavra francesa *personne* [50] pode afirmar, ou negar, o facto pessoal. Por seu turno, os termos ingleses *no one-someone, nobody-somebody*, indicam que não existiria identidade ontológica se os corpos dos seres falantes não se alinhassem pelo significante um [51].

Em resumo: o que complica a identificação ideal e normativa ao nome enquanto *traço de união* [52], é que o patronímico *Pessôa* carrega o equívoco Nenhum/Algum/Qualquer um [53]. É este o princípio a partir do qual se vai finalmente organizar o baile de máscaras no qual o sujeito como *zero* se desdobra até ao *infinito* [54].

---

[49] *Laisse la voix de Personne père-sonner*, escreve Miguel Carmona da Mota em *Une tragédie portugaise* (cf. *La lettre freudienne*, n.º 197, École de la Cause Freudienne, Paris, avril 2001, p.18). Lembro que Pessoa pôde ter como ideal literário o que disse o Padre António Vieira de Frei Luís de Sousa, a saber, que *escreveu o comum com singularidade*.

[50] Se o francês é a língua estrangeira que liga Fernando Pessoa à mãe, não é de estranhar que a sua futura namorada, que não por acaso sabia falar francês, tenha também consentido a enviar cartas a *Monsieur Ferdinand Personne*.

[51] O lugar do significante destacado pode vir a ser ocupado pelo número, o nome, o pronome pessoal sujeito (*eu*), o pronome pessoal complemento (*me, mim*), etc.

[52] Termo que traduz o *trait unaire* que Lacan retoma de Freud (*Einziger Zug*), para sublinhar a dimensão significante de toda a identificação.

[53] Em trabalho efectuado no Seminário da Antena do Campo Freudiano, João Peneda sugeriu haver também um convite à despersonalização da parte do outro apelido do pai, do qual Fernando se viu privado no momento do baptismo: *Se abra...Pessoa!*. Recordo que Pessoa escreveu em 1907 uma carta ao prior da freguesia onde tinha sido baptizado atacando a Igreja Católica.

[54] Naquilo que o heterónimo filósofo António Mora chama a *matemática do ser*, o sujeito equivale ao zero desdobrando-se em um (número) ou enumerando-se até ao infinito, onde reencontra o zero (cf. José Martinho, *O Criador de Tudo* in *O Que é um Pai?*, Assírio & Alvim, Lisboa, 1990).

A CONSTRUÇÃO DO NOME DE AUTOR

DURANTE OS DEZ ANOS que passou na África do Sul, assim como no interlúdio português (1901-1902), Fernando Pessoa lê e escreve compulsivamente, sobretudo em inglês, mas tal não basta para fazer dele um autor com nome [55] e direito à publicação. Mesmo se entre 1903 e 1904 há uma intensa actividade de escrita com criação de personalidades literárias – Jean Seul, Charles Robert Anon, os irmãos Alexander e Charles Search –, o que sobressai sobretudo através deste nomes é a Solidão, o Anonimato, a Procura.

É só em Lisboa que inicia em seu nome próprio a «carreira» de escritor, não ainda de poeta, mas de ensaísta, ou sociólogo, à maneira de Spencer e sobretudo de Taine. Esta começa na revista saudosista *Águia*, em 1912, com um artigo sobre *A Nova Poesia Portuguesa Sociologicamente Considerada*, no qual profetiza a chegada para breve de um *supra-Camões* [56].

---

[55] Pessoa sonhou e brincou (pois não tinha livros publicados) com a ideia de que um dia lhe podiam atribuir o Prémio Nobel. Este voto foi divertidamente realizado pelo actual proprietário do *Martinho da Arcada*, António de Sousa, quando atribuiu uma mesa a José Saramago neste local de culto pessoano.

[56] Luís de Camões (1524-1580), autor de Os *Lusíadas* – poema épico em 10 Cantos que narra a descoberta do caminho marítimo para a Índia e as acções e obras valorosas dos portugueses por esse mundo fora –, era então considerado

Em 1913, Fernando Pessôa tenta o género teatral com o drama estático ou em palavras intitulado *O Marinheiro*. Esta peça é a primeira obra inteiramente acabada, logo a que vai inicialmente nomeá--lo como autor de «obra completa». Paradoxalmente, é também nela que surge pela primeira vez a *quinta pessoa*, a *mais-uma* que irá permitir ao sujeito contar-se indefinidamente como *um-a-menos*[57]. Datam ainda deste ano os primeiros textos do *Livro do Desassossego*.

1914 é o ano da publicação na revista *Renascença* da poesia *Paùis* (escrita em 29 de Março de 1913) e, sobretudo, do que chama, em 1935, o *dia triunfal* da sua vida. Sem que se tenha realmente apercebido na época da importância do que lhe sucedera, distrai-se durante todo o ano de 1915 com os companheiros de *Orfeu*, com os quais vive a efemeridade da fama por difamação; mas a doença da mãe, o suicídio de Sá-Carneiro e a loucura de Cunha Dias interferem nesta *palhaçada*, mergulhando-o num novo período de *esterilidade literária*. Assim, é só em 1916 que decide provar a sua *maturidade literária* e publicar um verdadeiro primeiro livro.

O seu maior sucesso «literário» até então tinha sido no Cabo e em inglês. Pensou que podia tornar-se autor na língua de Shakespeare, mas os ingleses recusavam publicar os seus textos[58]. Está agora em Portugal, mas é em inglês que quer escrever e editar o primeiro livro. Porquê em inglês (como pergunta a João Gaspar Simões em 1930), e de que livro se trata?

O inglês foi a língua que Fernando Pessôa começou a articular durante o seu drama de criança em Durban, que formou a sua jovem inteligência e a abriu a um erotismo diferente (Shakespeare, Whitman, Wild, etc.). Continuava a ser também a língua que lhe podia mais facilmente conferir uma fama internacional ou cosmo-

---

o poeta nacional. É no entanto a partir dos anos 20, com os republicanos, que o dia da sua morte, o 10 de Junho, se torna dia de Portugal, da Raça e por aí adiante.

[57] Filipe Pereirinha, *Pessoa: O Nome do Sujeito* in *Pessoa, Nuncius,* op. cit., p. 13.

[58] O editor londrino *Constable and Company* recusará ainda publicar Pessoa em 1917, quando este lhe envia de Lisboa o *Mad Fiddler*.

polita. Mas publicar durante a Guerra [59], em Lisboa e por conta própria, um livro de poemas em inglês, acaba por se justificar pelo inglês ser chinês para a maioria dos portugueses.

Para entender o paradoxo – o poeta necessita publicar algo de tão íntimo que apenas pode ser endereçado a um leitor da sua qualidade, mas não ao grande público [60] –, é conveniente saber que o livro *cru e bestial* em que pensa – os *English Poems* – devia ser um ciclo de poemas destinado a percorrer o círculo do fenómeno amoroso, o amor homossexual e heterossexual, mas também as formas que o sentimento tomou na Grécia, em Roma, na Cristandade e na Modernidade. Este ciclo não seria vicioso, pois a repetição do mesmo contemplaria, num futuro Império, uma diferença, um amor novo, não já comandado por *Pan-Eros,* mas por *Anteros* [61]. O ciclo nunca foi integralmente publicado, mas basta ler os dois primeiros poemas – *Epithalamium* (escrito em 1913) e *Antinous* (escrito em 1915 e publicado em 1928 com mais 35 *Sonnets*) – para vermos o exercício que Pessoa tinha retomado na época: não só a tentativa

---

[59] Certamente que ninguém lê Pessoa no Reino Unido, mas a sua oposição à entrada de Portugal na guerra e à sua aliança com a Inglaterra e a França contra a Alemanha, coloca ainda mais à distância os eventuais leitores ingleses.

[60] Mesmo se Pessoa nunca desistiu de publicar em inglês e continua a pensar no reconhecimento do seu valor literário pelos críticos britânicos, como escreve numa carta a Cortes Rodrigues, estes poemas seriam impublicáveis em Inglaterra, por serem *muito indecentes.*

[61] *Ânteros* não é a negação de *Pan-Eros* (a vitória total ou reino de *Eros*), mas a divindade grega irmã de *Eros, o amor além de si,* como diz Cícero em *De Natura Deorum.* Todavia, no *Fedro,* Platão faz equivaler *Ânteros* ao *amor que vem em resposta,* como essa *onda de desejo* que assaltou Zeus quando viu Ganimede. A força daquele que deseja depende, aqui, do objecto de onde partiu *o fluxo das partículas oftálmicas,* essa corrente que passa pelos olhos, e faz com que a alma do bem--amado se encha, em espelho, de amor. É uma tal resposta que permite a realização da metáfora do amor à (primeira) vista, ou a passagem do amado atingido pelo relâmpago ou seta do amor a amante visual (cf. Jorge de Sena, prefácio a Fernando Pessoa, *Poemas Ingleses,* Ática, Lisboa, 1982; AAVV, *Anteros une relecture du Banquet* in *Les stratégies du transfert en psychanalyse,* Fondation du Champ Freudien, Paris, 1992).

de ultrapassar a bisexualidade do Shakespeare dos *Sonetos*, mas também de sublimar todo o *elemento obsceno* da natureza humana [62]. Trata-se de sublimação, não de recalcamento, pois a perversão--polimorfa da sexualidade, como a sua satisfação auto-erótica e associal são aí encaradas de frente, expressas literalmente do modo mais intenso, na esperança de poder reduzir tanaticamente a carne a um *caput mortuum*.

Ora, é precisamente no momento em que está a forjar o seu verdadeiro nome de autor de livros, que Fernando, que se chama por filiação Pessôa [63], decide fazer uma importante *alteração* na sua

---

[62] Pessoa retoma também aqui o exercício de que testemunha o seu heterónimo francês Jean Seul de Méluret, o João Sozinho que trouxe para Lisboa, autor de um ensaio sobre as perversões sexuais (voyeurismo, exibicionismo, etc.), e de uma sátira sobre uma sociedade futura (*La France en 1950*), onde se tinha tornado obrigatório cometer o incesto, e em que os homens se mediam pelo tamanho do pénis. Problema grave, talvez pessoal, que leva o autor a terminar a obra com estas palavras: *honni soit qui en rira* (maldito seja quem se rir). Alfredo Margarido questiona há bastante tempo o forte recalcamento de Pessoa no que diz respeito *à terra de pretos* onde viveu. O que foi a vida sexual de Pessoa na África do Sul ? Não teria havido alguma situação provocada pelos africanos, ou por sevícias semelhantes às que mostra o filme *If*, ou *a* família não o teria empurrado para Lisboa depois de se tornar quase pública uma relação com um colega? Ou, pensando ainda no que disse Geerdts, não se teria passado algo com os *marinheiros encontrados no gabinete do seu pai* (padrasto)? O que Pessoa conta através de pré--heterónimos, é que antes da sua curta vinda à metrópole não houve *desfloração mental*, que a *virgindade da imaginação* só foi corrompida pela *sensualidade urbana e moralmente corruptora*, e que a partir desta data houve *destrambelhamento sexual* (cf. Teresa Rita Lopes, v. II, op. cit. p. 36-41).

[63] O acento circunflexo – chapéu que tem a forma gráfica do bigode na figura mítica do poeta – vale aqui como *Nome-do-Pai*, na medida em que permite a oposição e substituição significante Pessôa/Pessoa. O apelido usado em Durban foi à partida Pessoa (sem acento circunflexo). É só para o fim da estadia na África do Sul, enquanto amadurecia a decisão de voltar à pátria, que Pessôa voltou a impor-se a Fernando (cf. Alexandrino Severino, *Fernando Pessoa na África do Sul*, Publicações Dom Quixote, Lisboa, 1983, p. 147). Com a supressão do acento circunflexo, Pessoa acrescenta ao desejo da morte gráfica do pai e de castração onomástica, a eliminação de um particularismo português, de forma a furtar um

vida: *retirar o acento circunflexo* do seu apelido. Decisão crucial, a que acrescenta o seguinte comentário: como *vou publicar umas coisas em inglês, acho melhor desadaptar-me do inútil, que prejudica o nome cosmopolitamente* [64].

Com este significante novo (Pessoa sem acento circunflexo), a metáfora inicial muda ainda de figura: depois do complexo de Édipo (Lisboa 1888 -1896) e de Hamlet (Durban 1896 -1905), afirma-se o «complexo de Heróstrato» (Lisboa 1905-1914-1916-1935) [65].

A fórmula que proponho para o desejo de imortalidade simbolizado por este «complexo» é a seguinte:

$$\frac{Pessoa}{Nada}\ f\ (escrito)$$

Ela mostra que a mutilação onomástica do patronímico é também uma espécie de (auto)castração, uma nova tentativa do filho para se tornar pai ao nível da escrita. Reduzindo deste modo a nada a sua história, sonha devir um autor *grande como o sol*, um poeta sem biografia, ou um prosador capaz de *erguer* dentro de si a *metáfora* como *Realidade Absoluta*.

---

nome de autor que deseja tornar universal ao carácter restritivo de práticas exclusivamente nacionais, como a da simples ortografia. No entanto, nos seus textos sobre linguística, Pessoa defende que o escritor tem o direito de usar a sua ortografia pessoal.

[64] Sobre esta *reconstrução* e *alteração*, cf. carta de 4 de Setembro de 1916 a Cortes Rodrigues in Fernando Pessoa, op. cit., v. V, p. 263.

[65] *Heróstrato e a Busca da Imortalidade* (Lisboa, Assírio & Alvim, 2000). No seu comentário deste texto, João Peneda explicou que não há só sintoma naquele que incendiou o templo da Grande Diana dos efesianos para tornar célebre o seu nome, e que no Pessoa que com ele se identifica não há somente obra, ou que entre os dois existe uma fórmula, um denominador comum a que chamou, em homenagem ao grego, *complexo de Heróstrato* (cf. João Peneda, O *Complexo de Heróstrato* in *Nuncius*, op. cit., p. 85).

OPHÉLIA

MAS O QUE SE PASSA QUANDO, apesar da metáfora do autor, o Outro sexo tem de ser mantido à distância?

Não se faz Hamlet sem partir ovos. É depois da morte do padrasto (1919) e antes do regresso da mãe a Lisboa (1920), que Fernando Pessoa se vê confrontado com a prova fálica da sexualidade, a partir do momento em que se declara, no inglês da peça de Shakespeare, àquela cujo nome simboliza a parte inacessível da sua única aventura sentimental, Ophélia [66].

A declaração de amor a Ofélia Queiroz vai-se efectuar num momento em que o falo anda à solta, mesmo se Fernando não consegue agarrar o pássaro. No entanto, quando encontra Ofélia, acredita que ela é a mulher que pode fazer dele *um homem*.

D. Maria Madalena, que não vê há doze anos, regressa a Lisboa. Como o retorno do recalcado que vem com ela não pode ser pacífico, Fernando procura alguém que lhe sirva de biombo ou alivie um pouco o fardo.

---

[66] Na sua leitura do *Hamlet* de Shakespeare, Lacan colocou em evidência a associação significante Ofélia–O falo (cf. J. Lacan, *Shakespeare, Duras, Dedekind, Joyce,* Assírio & Alvim, Lisboa, 1989).

Isto não impede que, durante todo o primeiro período do relacionamento com Ofélia, grande parte das preocupações se centre na procura de uma casa suficientemente ampla onde possa viver com a mãe, o meio-irmão e as meias-irmãs. Uma vez encontrada e mobilada a casa da rua Coelho da Rocha, e porque a sua impotência sexual permanece, Fernando percebe que duas mulheres na sua vida são demais. Assim, pouco depois da chegada da mãe a Lisboa, decide interromper o namoro com Ofélia. Mais tarde, em 1929, quando Carlos Queiroz mostra à sua tia a fotografia no Abel Pereira da Fonseca que vai permitir o inútil reatamento da relação, tudo se passa já sob o signo do *flagrante delitro* do «crime» da mãe, morta em 1925.

Muitos gostavam que as cartas de amor do namoradinho à antiga portuguesa nunca tivessem saído do baú, ou fossem queimadas, para não devassar a íntima-idade do grande poeta. Contudo, estas ridículas e preciosas cartas vieram a público, e testemunham maravilhosamente bem as sombrias estratégias que Fernando utilizou para estabelecer um vínculo com *Omphalus*, assim como para manter esta relação secreta a olhos e ouvidos alheios.

As cartas de amor de Fernando Pessoa deixam-nos descobrir o seu jardim proibido, porque é nelas que melhor se lê o *fantasma fundamental* ($a \lozenge \math<glyph>barredS</glyph>$) que sobredetermina o seu *sintoma* enquanto *formação do inconsciente* ($S_1 \to \math<glyph>barredS</glyph> \to S_2$). É esta sobredeterminação da *Rosa* poética que formalizo agora num matema em forma de *cruz* [67]:

$$\overset{\displaystyle \longleftarrow}{S_1 \to \math<glyph>barredS</glyph> \to S_2}$$
$$\lozenge$$
$$a$$

---

[67] Este matema foi várias vezes comentado no meu Seminário. O eixo *horizontal* da cruz ($S_1 \to \math<glyph>barredS</glyph> \to S_2$) mostra a estrutura da representação significante do sujeito falado/falante, assim como do desejo e a sua interpretação. Toda a *formação do inconsciente* (lapso, acto falhado, etc.) tem, por conseguinte, esta mesma estrutura de linguagem. A seta retroactiva ($\leftarrow$) indica como se cria o sentido, que chega sempre no final como o significado de uma frase. O eixo *vertical* ($a \lozenge \math<glyph>barredS</glyph>$) é composto pela fórmula do *fantasma fundamental* que sobredetermina o sintoma como compromisso entre o inconsciente e o (pré)consciente.

O fantasma pessoano é um cenário do tipo *uma criança é batida*[68], construído à roda de um *Nada* angustiante[69], que o sujeito tenta apaziguar ou preencher com um objecto irreal, denominado na altura *bebé, ou boneca*[70]. Apesar do sujeito procurar o seu objecto porque espera que este seja doce como o *mel*, ele revela-se *mau* como uma *vespa* que *pica*. Torna-se mesmo *ácido sulfúrico*, porque acaba por destruir, mordendo[71] e frustrando a boca de beijos de amor[72]. Nesta encenação, o *bebé* pode vir a ser representado por Ofélia, por Fernando Pessoa, ou por qualquer terceiro que cause inveja e ciúme, como o *desmancha-ternuras* Álvaro de Campos[73].

---

[68] Sigmund Freud, *Uma criança é Batida* in *Esquecimento e Fantasma,* Lisboa, Assírio & Alvim, 1991. Fernando aproxima-se da enunciação desta frase quando escreve: *o Bebé é mau e bate-me* [...] *Açoites é que tu precisas.* Este masoquismo erógeno passa a masoquismo moral quando diz, por exemplo, que Deus permitiu que a Vida lhe *batesse* em *criança,* lhe *tirasse os brinquedos* e o *deixasse só no recreio, amarrotando com mãos tão fracas o bibe azul sujo de lágrimas;* ou, ainda, quando afirma ter sido maltratado pelo *Destino.*

[69] Lacan realçou *o nada (le rien)* como objecto privilegiado da histeria, em particular na anorexia nervosa, na medida em que as jovens anorécticas emagrecem e se deixam morrer por apenas comerem *o nada* (fálico).

[70] A reduzida estatura (1m52) e a juventude (19 anos) de Ofélia Queiroz, assim como o facto de ter um nome shakesperiano, falar inglês e francês, predestinavam-na à escolha «infantil» do Fernando Pessoa adulto. Relativamente às brincadeiras infantis, podemos ler no *Livro do Desassossego* que a criança sabe que a *boneca não é real,* mas que a sua arte é de *irrealizar.* Depois louva a infância, *bendita idade da vida, por não haver sexo.* A páginas tantas, mais esta frase: *o meu horror às mulheres reais que têm sexo é a estrada por onde eu fui ao teu encontro.*

[71] Na desesperada carta de 9 de Outubro de 1929, Pessoa fala a Ofélia de manicómio, de suicídio, e de uma *Boca do Inferno* com *dentes.*

[72] Num poema dedicado a Ofélia existem dois versos que indicam que nada consegue preencher o vazio: *Por não me encher o desejo/Nem o meu beijo melhor.*

[73] A omnipresença de Álvaro de Campos no namoro torna-se cada dia mais inconveniente. Mesmo se o autor da *Saudação a Walt Whitman* tem tendências pederastas, existe pelo menos um verso da sua *Ode Triunfal* que mostra um traço pedófilo, aquele que evoca rapariguinhas que *aos oito anos masturbam homens de aspecto decente.* A tese da pedofilia de Pessoa é defendida por Alfredo Margarido e Robert Bréchon.

OPHÉLIA : 49

À primeira vista, a cena parece repetir algo que Freud descreve a propósito de Leonardo da Vinci, e que os kleinianos conceberam como sendo a relação precoce com o bom/mau objecto, em última instância, um seio que, mais do que *materno*, devo qualificar de *auto-erótico*. Isto, porque é o auto-erotismo que explica o narcisismo, o onanismo [74] e o voyeurismo que derivam da frase fantasmática *uma criança é batida* pelo *pai* (Freud), ou pela acção do *significante* sobre o gozo do corpo sexuado envolvido na relação com o *Desejo da Mãe* (Lacan).

O perigo que representava o retorno da frieza quotidiana da mãe «africana», fez com que Fernando julgasse momentaneamente ter encontrado em Lisboa a Mulher que o protegeria dando-lhe algum calor. Mas o encontro com Ofélia acabou por ter efeitos traumáticos, dado que a frieza estava já há muito tempo cristalizada inconscientemente nele como um sintoma de impotência [75].

Assim, em Novembro de 1920, sentindo-se enlouquecer como o jovem príncipe da Dinamarca por não poder cumprir o seu desejo (sexual), Fernando vê-se obrigado a romper o seu curto e pudico *namoro para bom fim* nestes termos: *O meu destino pertence a outra Lei, de cuja existência a Ofelinha nem sabe, e está subordinado cada vez mais à obediência a Mestres que não permitem nem perdoam.*

Apesar de ter desejado conquistar o lugar do pai e do padrasto no amor materno, de ter querido ser um verdadeiro homem diante de uma mulher, Pessoa nunca o conseguiu. Tende, então, a atribuir a responsabilidade do seu destino a Mestres ocultos, ou aos impe-

---

[74] Na realidade, o verdadeiro pecado de Onão foi o «coito interrompido». Dado que, como Hamlet, a questão de Pessoa é *ser ou não ser* (o falo...materno), podemos dizer que o coito está nele interrompido por princípio, isto é, por não *ter* (o falo). Desprovido do falo, o *Nininho* de Ofélia apenas poderá sonhar com *jinhos, jinhos e mais jinhos*.

[75] A psicologia do *voyeur* é explicada no ensaio de Jean Seul sobre as perversões como o resultado de uma *impotentia coeundi, generandi e mentalis*. É esta última, a impotência mental ou psíquica do sentimento sexual, que acaba por perturbar a actividade física. Mais tarde, Fernando-Fausto diz que é o pensamento que impede o *cingir a mim/Um corpo de mulher*.

rativos da obra, ao mesmo tempo que confessa a Ofélia que lhe falta o que permite às pessoas serem normais, ou como diz o primeiro poema *Lisbon Revisited* de Álvaro de Campos, *fúteis, casadas, quotidianas e tributáveis.*

Na balança da existência, Pessoa viu-se forçado a colocar todo o peso no prato da obra [76]. No outro, uma inibição sexual perseverante, um negócio falido [77] e uma falta permanente de dinheiro testemunharão, à sua maneira, da sua obediência aos Mestres cruéis que não o deixavam nem desculpavam.

---

[76] *A minha vida gira em torno da minha obra literária* (Carta a Ofélia de 29-9-1929).

[77] Refiro-me à *Empresa Íbis – Tipografia Editora – Oficinas a Vapor*. Desde muito novo, Fernando Pessoa afeiçoou-se pelo Íbis, ou melhor, por uma gravura da ave *sossegada* do pé encolhido (Pé-só-a) que *não anda nada*, como escreveu mais tarde num poema para a pequena sobrinha. Em Durban brincava já com este nome, e foi ele que escolheu em Lisboa para o seu primeiro negócio «cultural» falhado ou falido. O Íbis simboliza a parte infantil de Fernando, uma parte querida, mas que está pouco pronta para fazer face aos desafios. É uma imagem cândida e alegre, como a fotografia do bebé de ano e meio que ofereceu a Ofélia. Este belo e sorridente Íbis opõe-se ao Pessoa velho *com ventas de contador de gaz*, como ao *focinho envergonhado* do *engenheiro doido* Álvaro de Campos. No namoro infantil com a Íbis do Íbis, isto é com Ofélia, o Íbis ocupa o lugar do pássaro fálico, do bebé que vem no lugar do falo como objecto do desejo do Outro. O Íbis é ainda a ave de grande bico que os egípcios embalsamavam e colocavam nos seus túmulos, a qual representava Tote, o deus da linguagem, da arte de escrever, da inteligência, do jogo e dos ladrões, cujo o equivalente na Grécia é Hermes Trimegisto. A passagem da função fálica para a função do escrito encontra-se também presente no Íbis, Pessoa tendo assinado vários textos neste nome, desenhando a ave pernalta com o pé recolhido.

O(S) MESTRE(S)

APESAR DE PESSOA ASSOCIAR de bom grado os Mestres que governavam a sua vida e obra à Quadratura do Círculo do Ocultismo [78], o seu mais misterioso mestre foi o inconsciente.

A necessidade de se referir a um implacável Quadrado, pode ser esclarecida pelo que Lacan explica em *Kant com Sade*, a saber, que sempre que se parte do inconsciente, é exigida uma *estrutura quadripartida* [79] par dar conta de qualquer organização ou receita subjectiva. A matriz desta estrutura é aquela que nos é fornecida inicialmente no ensino de Lacan pelo *esquema L*:

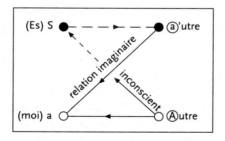

---

[78] Cf., por exemplo, as reflexões de Pessoa sobre o modo como a astrologia retomou os *quatro elementos* de Empédocles, ou a sua interpretação do *amor do «Adepto»*. É neste último texto que Pessoa explica a metáfora sexual da doutrina

Na sua auto-gnose, Pessoa também tentou explicar o *desdobramento do eu* no *espaço interior* através da imaginação e da capacidade de irrealizar. Seguindo esta indicação, podíamos contentar-nos em situar a *dissociação da personalidade* na *relação imaginária* [80] do *esquema L*. O *drama em gente* resultaria, então, do facto que aquele que se revia narcisicamente idêntico no espelho do *outro* (a'), começou a ver o seu *eu* (a) fragmentado nos estilhaços quando o espelho se partiu por volta dos cinco anos.

Mas como na carta de 11 de Dezembro a João Gaspar Simões, Pessoa diz também ter chegado sem e com Freud à hipótese do *subconsciente*, lembramos que o *sujeito do inconsciente*, aquele que Lacan acaba por escrever S barrado ($), não se reduz ao *eu* da relação dual.

Rosa-Cruz: *A força, emissão de Deus* [...] *é representada pelo símbolo vertical:* |. *A Matéria, immissão de Deus, é representada pelo sinal contrário:* —. [...] *adopta-se* um segundo símbolo de Mulher [...]: O. *Daqui partem novos símbolos. Quando se quer representar a Natureza em sua fecundidade escreve-se o sinal total do mundo dentro do círculo, formando o símbolo:* ⊕ [...] *O círculo será «quebrado, e quebrado em cinco elementos, que são as quatro linhas e o centro* [...] *E assim, e para tal efeito, se figurou o círculo crucificado como tendo a forma de cinco semicírculos de um círculo de metade do original* [...]. *esse elemento de cinco partes, que está crucificado e quebrado, é uma Rosa; e o símbolo cristão completo e final é o símbolo da Rosa-Cruz.* (cf. Teresa Rita Lopes, op. cit. v. II, p. 64-67). Esta explicação crucial tem a vantagem, como veremos, de deduzir o 5 a partir do 1,2,3,4.

[79] Jacques Lacan, *Écrits*, op. cit. p.53.

[80] A *relação imaginária* do *esquema L* representa o que foi elaborado no *Estádio do espelho* (cf. Jacques Lacan, *Écrits*, op. cit.), título que o psicanalista francês deu à sua tese sobre a identificação precoce (6-18 meses) do ser humano à imagem inconsciente (*imago*) do semelhante que está na origem da constituição do *corpo próprio* e da unidade psíquica da *consciência de si*. Antes deste estadio, a criança experimenta sobretudo a deiscência física e a confusão mental. *O estádio do espelho* é, pois, o momento estruturante da unidade e da totalidade (ideal) do sujeito falado/falante, isto é, do sujeito do significante, radicalmente dividido entre *eu* (o *je* da enunciação) e *mim* (o *moi* do enunciado). Esta última divisão será particularmente acentuada em Álvaro de Campos: *eu que me aguente comigo/E com os comigos de mim* (cf. Teresa Rita Lopes, op. cit. v. I, p. 83, v. II, p. 402). Acrescentarei, ainda, que Lacan situa ao nível da *relação imaginária* a *Psicologia do Ego* (a) e da *Relação de Objecto* (a': seio, mãe, etc.) promovida pelos pós-freudianos.

Apesar de existirem gémeos e parceiros imaginários entre as setenta e duas personagens do *teatro do ser* que Teresa Rita Lopes repertoriou, *a tendência orgânica e constante para a despersonalização e para a simulação* deve ser encarada para aquém e para além da relação especular. Para aquém, porque *ego* e *alter ego* supõem o Sujeito (**S**), cuja substância é marcada no *esquema L* pela homofonia com o *Es* da marmita pulsional freudiana, a fim de sublinhar o gozo do corpo vivo sujeito à quebra da homeostase. É todavia para-além do princípio do prazer que governa o organismo e o psiquismo, que se encontra o Outro (A), como *campo e função da fala e da linguagem* [81] e *instância da letra no inconsciente* [82].

Escutemos, agora, o que diz Pessoa do seu *primeiro conhecido inexistente: um certo Chevalier de Pas dos meus seis anos, por quem escrevia cartas dele a mim mesmo [...] Lembro-me de uma outra figura, cujo nome já não me ocorre, mas que o tinha estrangeiro também, que era, não sei em quê, um rival do Chevalier de Pas* [83].

O *Chevalier de Pas* insere-se, pois, na quadratura do *esquema L*: possui o seu rival imaginário, reconhecido no rascunho de uma carta a Casais Monteiro como o *capitão Thiebaut*, e inscreve-se pelo seu nome de *Pas* (o passo do Não ou da negação significante) no lugar do Outro (A), de onde o Sujeito (S) recebe, de modo invertido, a mensagem [84] que envia a si mesmo para se satisfazer no seu isolamento.

Os sentidos divergentes que convergem no significante (*Pessôa*) que identifica o sujeito dividido, facilitam mais do que impedem a criação *ex nihilo* de uma obra em inúmeros nomes e personalidades literárias. Mas a *escala de despersonalização* só se impõe definitivamente no dia em que surge o *mestre* Caeiro.

---

[81] Jacques Lacan. *Écrits, op. cit.* p. 237-323.

[82] Jacques Lacan. *Écrits.* op. cit. p. 493-531.

[83] Carta de 13 de Janeiro de 1935 a Adolfo Casais Monteiro.

[84] Neste caso, trata-se de mensagem escrita ou de cartas. Noutros casos, como diz Pessoa, tudo parte de *um dito de espírito, absolutamente alheio* (cf. Carta de 13 Janeiro 1935 a Casais Monteiro).

Este adjectivo qualificativo merece aqui uma atenção especial, pois reenvia à estrutura quaternária que reorganiza, no final dos anos 60, o que o *esquema L* apresenta no início dos anos 50, a saber, a estrutura dos *Discursos*. Nesta, a matriz é o *Discurso do Mestre*[85]:

$$\text{impossibilidade}$$
$$\frac{S_1 \rightarrow S_2}{\text{\$ // a}}$$

O matema acima transcrito implica que o verdadeiro Mestre é o inconsciente estruturado como uma linguagem. O significante um (S_1) é o agente que funda a *impossibilidade* da cadeia significante (S_2) de representar na sua totalidade a verdade do sujeito (\$), na medida em que sobra algo, o objecto (a) perdido que causa o desejo como bónus do gozo castrado.

Tal resto leva-me, neste ponto da minha argumentação, a distinguir mais precisamente entre a imagem acústica do *significante*, o *nome próprio* que identifica o sujeito petrificando-o, e a *letra* que lhe confere de novo a vida.

Esta distinção permite de entender melhor o que se passou no dia 8 de Março de 1914[86], ou seja, no *dia triunfal*. Mesmo se a

---

[85] *Discours du Maître* é um termo e um matema que Lacan introduz no Seminário sobre o *Avesso da Psicanálise* (Jacques Lacan, *L'envers de la psychanalyse*, Seuil, Paris, 1991). É importante salientar que a teoria lacaniana dos *Discursos* conduz a uma clínica psicanalítica sem referência directa ao pai e à mãe. (cf., a este propósito, José Martinho, *Gozo*, Fim-de-Século, Lisboa, 2000). Em francês, *Maître* não tem só o sentido de Guia ou de Sábio, mas também de Senhor ou Amo. Ora, o *mestre* Caeiro também é um *chefe*, pois tanto representa o saber inconsciente, como simboliza o princípio da nova criação poética.

[86] No rascunho de uma carta a Casais Monteiro, Pessoa fala de 13 de Março de 1914. Existem, pois, 5 dias de diferença. É sempre 5 (ou um múltiplo de 5) que indica em Pessoa a alienação e a separação de um processo. Já falámos dos cinco onanistas, da *quinta pessoa,* dos 5 ou 10 anos necessários para ser um dos grandes poetas contemporâneos, e falaremos mais adiante da *quinta dimensão*. Mas Pessoa pensou também comercializar um *código de cinco* letras, esperou a realização do *Quinto Império*, e sempre soube inconscientemente que o acaso dos acontecimentos marcantes da sua vida era sobredeterminado pelo número cinco: morte do pai aos 5 anos, segundo casamento da mãe em 1895, regresso a Lisboa em 1905, *Orfeu* em 1915, morte da mãe em 1925, morte própria em 1935.

análise do manuscrito original por Ivo Castro mostrou que tudo não pode ter acontecido num só dia, que se tratou certamente da «passagem a limpo» de uma criação literária contínua e obstinada, o importante é de extrair a estrutura de *ficção* da verdade ou gozo do sujeito.

Eis o que Pessoa conta no dia 13 de Janeiro 1935 a Adolfo Casais Monteiro [87]: *Aí por 1912, salvo erro (que nunca pode ser grande) veio-me à ideia escrever uns poemas de índole pagã [...] Ano e meio, ou dois anos, depois lembrei-me um dia de fazer uma partida ao Sá-Carneiro — de inventar um poeta bucólico [...] levei uns dias a elaborar o poeta mas não consegui. Num dia em que finalmente desistira — foi em 8 de Março de 1914 — acerquei-me de uma cómoda alta, e, tomando um papel, comecei a escrever, de pé, como escrevo sempre que posso. E escrevi trinta e tantos poemas a fio, numa espécie de êxtase, cuja natureza não conseguirei definir [...] Abri com o título* O Guardador de Rebanhos. *E o que se seguiu foi o aparecimento de alguém em mim, a quem dei desde logo o nome de Alberto Caeiro. Desculpe-me o absurdo da frase: aparecera em mim o meu mestre. E tanto assim que, escritos que foram esses trinta e tantos poemas, imediatamente peguei noutro papel e escrevi, a fio também, os seis poemas que constituem a* Chuva Oblíqua, *de Fernando Pessoa. Imediatamente e totalmente...Foi o regresso de Fernando Pessoa Alberto Caeiro a Fernando Pessoa ele só. Ou, melhor, foi a reacção de Fernando Pessoa contra a sua inexistência como Alberto Caeiro.*

Aparecido Alberto Caeiro, tratei logo de lhe descobrir — instintivamente e subconscientemente — uns discípulos. Arranquei do seu falso paganismo o Ricardo Reis [...] Num jacto, e à máquina de escrever, sem interrupção nem emenda, surgiu a Ode Triunfal *de Álvaro de Campos — a ode com esse nome e o homem com o nome que tem [...] criei então uma coterie inexistente [...] e em tudo isto parece que fui eu, criador de tudo, o menos que ali houve.*

Existe nesta reconstrução tardia do momento de inspiração ditado pela Musa um movimento de ascensão e de queda. Depois de várias tentativas falhadas, quando já tinha desistido de tudo, surge

---

[87] Fernando Pessoa. *Obras em Prosa*, op. cit. v. V, p. 326.

uma súbita vontade de escrever, que obriga a levantar-se. De seguida, há o despejar no papel de um jacto de letras que provoca o êxtase e cria novos sulcos poéticos [88]. É só depois de escritos os primeiros poemas e encontrado o respectivo título, arrastado pelo movimento precipitado e propiciador da letra, que o nome próprio de Alberto Caeiro se vem inscrever na paisagem.

Depois de fixo na sua posição dominante [89], Caeiro obriga Fernando Pessoa a regressar a si, ou melhor, a responder, sob a forma de ortónimo [90] (escrevendo os seis poemas da *Chuva Oblíqua*) [91], à inexistência causada pela aparição do significante mestre. Por fim,

---

[88] A reconstrução pessoana permite ver a afinidade entre a escrita (criativa) e o acto sexual (interdito). A letra mostra o seu poder demiúrgico obrigando a escrever de pé, posição erecta que só pode ser *cómoda* porque remete para uma *imago* fálica. O *a fio* dos poemas indica a passagem da função fálica para a função do escrito literário, através da metáfora do esperma-tinta, produto da ejaculação e do orgasmo (fantasma onanista vivido imaginariamente como êxtase místico).

[89] É só quando esta enxurrada da letra pára que o nome de Alberto Caeiro se solidifica como *significante mestre*, ou *significante um* no *Discurso do Mestre*. Mas os restantes nomes próprios desta estrutura quaternária podem também ser ditos *mestres*, ou *nomes do pai*. De facto, quando Lacan substitui no seu ensino o Ideal--do-Outro, I(A) pelo significante um (S₁), permite conceber a pluralidade do *Nome-do-Pai*. No termo deste ensino, Lacan dirá mesmo que o *Real*, o *Simbólico* e o *Imaginário* são os *nomes do pai*: os três em que consiste verdadeiramente a metáfora paterna. Ainda a este propósito, lembro que na conferência que Freud dedica ao *simbolismo* na sua *Introdução à Psicanálise*, sugere que o carácter sagrado (Santa Trindade, etc.) atribuído ao número três (mínimo da numeração) está intimamente relacionado com o triângulo édipiano e a imagem inconsciente dos genitais masculinos, o verdadeiro trevo que se transfere para as armas dos brasões. Será este o caso do brasão da família Borromeo, que deu nome em Lacan ao *noeud borroméan* (cf. J. Lacan, *Le Séminaire, livre XX*, op. cit.).

[90] *Ortónimo* significa que tem o *mesmo nome*. O processo do *regresso* a Fernando Pessôa ele só é, pois, complexo, porque agora existe o Fernando Pessôa pré--heterónimo, o Fernando Pessôa ortónimo, e a transformação de si pelos outros nomes (Caeiro, etc.) que podemos chamar Fernando Pessôa *ortoheterónimo*.

[91] Pessoa pensou todavia atribuir primeiramente a *Chuva Oblíqua* a Álvaro de Campos.

instintivamente (pulsional) *e subconscientemente* (inconscientemente), descobre os discípulos que andavam por perto: Ricardo Reis [92], o heterónimo [93] mais próximo da sua própria disciplina mental, e Álvaro de Campos [94], o poeta em quem pôs a emoção que não dava a si nem à vida.

Um dos motivos de interesse desta carta a Casais Monteiro sobre a génese dos heterónimos, é de revelar retrospectivamente o verdadeiro acontecimento que foi a bátega de letras de 1914, não só porque obrigou Fernando Pessôa a iniciar a sua separação com a literatura do final do século (o «parto» do *Modernismo* de 1915 opõe-

---

[92] Ricardo Reis tinha já dado sinais de vida em 1912, mas teve de esperar a vinda do Mestre para poder articular um verdadeiro saber pagão. Reis retoma o paganismo de Caeiro para se opor ao catolicismo e saudosismo que inspirava parte da poesia nacional da época (Cortesão, Teixeira de Pascoaes, etc.). Como figura humana, Reis pode ter tido como modelo o especialista de latim que era o *Headmaster* vitoriano Nicholas, mas possui também os traços obsessivos que Pessoa se atribui, o *fakirismo da sensibilidade*, ou a racionalização e o formalismo que acabam por inibir a emoção. Caeiro aludirá uma vez à pederastia de Reis, tipo de erotismo que Pessoa partilha com Álvaro de Campos. Moralmente, Reis é um niilista estóico e um epicurista. Politicamente, como o seu nome indica, é um monárquico, que a implantação da Republica levou a expatriar-se no Brasil. A produção poética do *Grego Horácio que escreve em Português* desaparece rapidamente.

[93] Não se trata de homónimo, nem de pseudónimo, isto é, de um nome que o autor utiliza para manter protegida a sua identidade. Ao pé da letra, heterónimo significa *outro nome*, logo, algo mais do que outra pessoa que não a pessoa Pessoa, ou que diferentes faces de uma mesma personalidade. Isto explica também porque não chega a Pessoa imitar Shakespeare, ou escrever peças de teatro de forma a despersonalizar-se nas suas personagens.

[94] Álvaro de Campos partilha uma boa parte da história de Fernando Pessoa: é um judeu português nascido em Tavira (terra da família paterna), tem tendências perversas e um comportamento exibidamente histérico, escreve por vezes em inglês e quase sempre à máquina (como um profissional dos escritórios), trouxe da casa de África o *feíssimo manipanso* que lá havia, publica juntamente com Pessoa e acompanha-o até à morte. O velho Campos é, ainda, o autor do poema que uma jornalista francesa chamou um dia, na primeira página do *Libération*, *o mais belo texto do mundo, Tabacaria*.

-se ao *Romantismo, Decadentismo, Saudosismo, Paùlismo*, etc.) [95], mas também porque fez emergir dentro de si o seu *mestre*.

Uma mistura de sofrimento e de prazer envolve esta nova metáfora, em que o nome de Pessôa é, por sua vez, substituído pelo de Caeiro (e *coterie*):

$$\frac{\text{Caeiro}}{?} \quad f \text{ (escrito)}$$

Esta misteriosa (?) metáfora [96] desqualifica o sujeito psicológico, o *eu* que tentava ainda fazer obra num nome e pessoa só, realçando simultaneamente o sujeito quadripartido do inconsciente.

O surgimento do *mestre* permite mais do que efectuar a *suma dos não-eus* sintetizados num *eu postiço*; organiza, numa criação diversamente inédita [97], a pluralidade anárquica das personagens que saíam do *vácuo-pessôa*.

---

[95] Esta separação deve ser compreendida no interior da estrutura quadripartida do *mestre*, mas não se efectua no caso das artes plásticas, pois Pessoa, como podemos ler na correspondência com de Sá-Carneiro, fica preso aos ideais estéticos do século XIX, atacando por exemplo os Cubistas, e sobretudo o pintor mais original do Modernismo português, Amadeu de Souza-Cardoso, que partilhou o estúdio de Modigliani em Paris e foi amigo de Sonia e Robert Delaunay.

[96] O Mistério (?) do lugar onde o mestre Caeiro surge como *um espírito humano da terra materna*, vai também apelar a um *hermafroditismo* (cf. Teresa Rita Lopes, op. cit. v. I, p. 226-228), ou uma partenogénese. Trata-se, então, do fantasma de parto, ou de parteira, do filho, para replicar às contínuas prenhezes de D. Maria Madalena.

[97] Criação diversamente inédita, que nada tem a ver com os Picarescos, nem com as *Seis Personagens em Busca de um Autor* de Pirandelo, referência que os especialistas gostam de citar como antecedente histórico-literário da heteronímia. Ninguém – de António Machado a Roman Gary, passando por T. S. Elliot, Kierkgaard, Stendhal, André Gide ou Paul Valéry – produziu hetero-nomeações como Pessoa, que implicam uma perda da identidade simbólica, imaginária e, por vezes, real. Assim, Fernando Pessoa pôde ser descrito e contradito por heterónimos, que não se limitavam a dialogar e criticarem-se uns aos outros, mas que interfeririam quotidianamente na vida e na arte do *criador de tudo* ou *do menos que ali houve*.

O mesmo é dizer que a estrutura dos quatro nomes maiores – três heterónimos e um ortónimo – da arte poética pessoana acaba de se impor. Alberto Caeiro é o nome que passa a funcionar no lugar do significante mestre da nova estrutura quadripartida. Como os restantes elementos desta organização subjectiva, ele será representado, na *quarta dimensão da mente* [98], por uma figura de ficção, o homem simples e pouco instruído [99] que vive no meio da *Natureza*, escrevendo poemas de índole pagã, cheios de denotações, que dizem que não há sentido íntimo, nem metafísica ao nível da Coisa.

Ricardo Reis é o significante do saber. Ele é figurado pelo leitor dos signos mórbidos que é o médico, mas também pelo erudito que interpreta ortodoxamente o *neopaganismo* do mestre, e o purista da linguagem, cujas deliberações abstractas transcrevem, elipticamente, a arte de Caeiro em Odes clássicas.

Álvaro de Campos é o objecto no interior do *Discurso do Mestre*, objecto naturalmente artificial, construído como um *navio* [100] pelo *engenheiro* que Campos é por formação. Todavia, não é a engenharia mecânica e naval, mas a *orgia báquica das sensações-em-liberdade* na *histeria emocional* do poeta futurista que melhor encarna aqui a réstia de gozo objectal.

---

[98] Segundo António Mora, a *primeira dimensão* é o *ponto* como realidade da alma; a *segunda dimensão* é a *linha* como movimento do sentimento; a *terceira dimensão* é o *plano* como espaço da representação; a *quarta dimensão* é a figuração no *espaço-tempo*; e a *quinta dimensão* é o corpo como *coexistência* das dimensões. Podemos comparar os propósitos de Mora ao que Lacan diz na sua introdução à topologia do (gozo) no Seminário XX (*Encore,* op. cit. p. 110 e sg).

[99] Órfão de pai e mãe, Caeiro é uma *Eterna Criança*, que nasceu em Lisboa, mas vive no campo com pouco dinheiro, acompanhado de uma velha tia. No grupo de homens de quem é o mestre, Caeiro é o único a ter amado uma mulher. Mas *quem foi a mulher que Caeiro amou?* [...] *há um rancor transcendente* [...]. *Que ella fique anonyma, até para Deus!*.

[100] Cf. José Manuel Rodrigues Alves e Maria Luísa Carvalho Branco, *Travessia da Ode Marítima* in *Assédio* n.º 1, revista de Psicanálise e Cultura, Celta Editora, Lisboa, 1991 (texto republicado em *Nuncius,* op. cit.). Sobre a influência da *Ilha do Tesouro* de Robert Louis Stevenson na *Ode Marítima,* cf. A. Margarido, *As infâncias de Fernando Pessoa,* Latitudes n.º 4, Paris, décembre, 1998, p. 98.

Fernando Pessoa é o sujeito do mestre. Foi ele quem reconheceu primeiramente Caeiro, que reagiu e lhe descobriu os discípulos. Porque possui as qualidades dos outros três, será também o *médium* que dá voz a todos eles.

Os quatro elementos são letras [101] do *Discurso do Mestre*, mas também autores inéditos, com nome e fala própria. Têm personalidades distintas, horóscopos, maneiras de sentir e conceitos de vida singulares. Todos comunicam *em família* ou segundo relações sobredeterminadas pela estrutura que os reúne [102]. Assim, a relação de inteligibilidade estabelece-se mais facilmente entre Alberto Caeiro (S_1) e Ricardo Reis (S_2) [103], a relação emocional entre Caeiro (o mestre) e Campos (a histeria), e o conflito surgirá sobretudo entre Fernando Pessoa e Álvaro de Campos (traduzindo a incapacidade que o sujeito do mestre tem de incorporar o objecto do seu fantasma: $\$//\mathbf{a}$).

Os discípulos dizem que o que caracteriza Alberto Caeiro é a sua inteira sinceridade. Mesmo Camões mente, porque quando

---

[101] Roman Jakobson defendeu assim a combinatória inconsciente da letra: *a assinatura do mestre Ca-eir-o entra, com duas metateses, no nome e apelido, «ajustados» para designar o discípulo Ricardo Reis, e as onze letras deste novo achado onomástico* (isto é, todas excepto a consoante final dos dois temas) *reproduzem as de* CAEIRO [...] *ao nível antroponímico esta «derivação» confere aos dois nomes Alberto e Álvaro, assim como aos dois apelidos Caeiro e Campos, o mesmo par de letras iniciais, enquanto que o nome do discípulo, Álvaro, termina na mesma sílaba que o apelido do mestre Caeiro* (op. cit., p. 465).

[102] Se os quatro pudessem ser lidos autonomamente, podíamos separá-los segundo os *Discursos* formalizados por Lacan no Seminário *O Avesso da Psicanálise*. Então, diríamos que Caeiro funciona no *Discurso do Mestre*, Reis no *Discurso da Universidade*, Campos no *Discurso da Histérica*, e Pessoa, dado que todos estes autores fictícios fazem também parte da sua auto-análise, no *Discurso do Analista*. Contudo, pelas razões estruturais assinaladas, é preferível conceber os quatro reunidos pelo único *Discurso do Mestre*.

[103] Uma *quinta pessoa*, António Mora, o filósofo kantiano que Caeiro acordou do seu sono dogmático, tornou-se o arauto do *Regresso dos Deuses* e o autor dos *Prolegómenos para uma Reformação do Paganismo*. Ele virá ajudar Reis (e os outros) a explicitar a originalidade do pensamento do mestre, a sua noção de Natureza ou de Matéria, como o seu Objectivismo integral ou retorno às coisas-em-si.

chora *a perda da alma sua gentil* serve-se do verso de dez sílabas de Petrarca (ou de Virgílio). Caeiro é o primeiro poeta que diz a verdade, dado que nele o ser, o pensamento e a sensação estão sobre um mesmo *plano de imanência* [104].

Caeiro é *assombrosamente original,* pois pretende dispensar a falta que o simbólico introduz no real, ainda que os discípulos mostrem o que isso contem de imaginário. Eles também são sinceros, mas segundo o princípio do significante, o qual transcende o plano desse Outro pleno que seria o real preliminar.

Vimos como Fernando Pessoa reagiu de imediato à sua inexistência como Alberto Caeiro, ou seja, como interceptou, com sua *Chuva Oblíqua,* a afirmação primária do significante mestre.

É a oposição significante que leva à comparação entre eles e introduz o dualismo das categorias metafísicas que condicionam a percepção, o entendimento e a razão. O mesmo é dizer que é a dimensão do significante que abre ao Outro furado, a um *Além--Deus* [105] cujo *Mistério infinito* só pode ser parcialmente revelado pela singularidade da enunciação. Desta maneira, cada um dos discípulos denuncia à sua maneira o facto de Caeiro, *o maior poeta do século vinte,* ser como eles um *fingidor:*

> *O poeta é um fingidor*
> *Finge tão completamente*
> *Que chega a fingir que é dor*
> *A dor que deveras sente.*

---

[104] Conceito deleuziano de origem espinosista utilizado por José Gil (cf. *Diferença E Negação Na Poesia De Fernando Pessoa,* Lisboa: Relógio D´Água, 1999). Em termos lacanianos, diríamos que Caeiro é a primeira proposta pessoana de uma *resposta do real,* o que acaba por o transformar num poeta impossível, ou numa *impossibilidade realizada.*

[105] O Ente Supremo ou Deus da religião (em particular do monoteísmo) é objecto de uma desconfiança básica, expressa, por exemplo, nestes dois versos: *Deus não tem unidade/Como a terei eu?.* A noção do que Lacan chama o Outro barrado aparece a vários níveis na obra de Pessoa. A passagem do Outro pleno, A, ao Outro barrado, A̶, é algo que pôde ser pobremente descrito por Otto Rank como *traumatismo do nascimento.*

O SINTOMA DOS PESSOA

A APARIÇÃO DO MESTRE foi um verdadeiro acontecimento na vida da obra poética de Fernando Pessôa. Contudo, a *descida* (já visível no autor *doente* e *alheado* dos *Poemas Inconjuntos*) e o desaparecimento prematuro de Alberto Caeiro, falecido em 1915 de *tuberculose*, mostram que a terrível maleita [106] também fez falhar a metáfora do mestre.

Que Caeiro tenha morrido de tuberculose, reenvia à morte do pai (e do irmão) de Fernando Pessôa. Mas se pensarmos na homofonia Caeiro/Carneiro, esta desaparição pode também remeter retrospectivamente para a perda de Mário de Sá-Carneiro, o amante de alma para quem Pessoa tentou criar, por paródia e oposição ao apego provinciano que este tinha pelas grandes cidades como Paris, a espécie de *poeta bucólico* que acabou por ser o *mestre*.

---

[106] A tuberculose não foi unicamente uma doença familiar, mas também um flagelo social, que vitimou centenas de pessoas (entre os escritores portugueses, contamos Eça de Queiroz, António Nobre, Cesário Verde, etc.). Os sanatórios onde a tuberculose era tratada tornam-se um lugar comum da literatura, em que era permitido ao médico da cultura que é o intelectual fazer o diagnóstico do mal-estar na civilização (Luís Filipe Teixeira estudou a este propósito a relação entre *A casa de Saúde de Cascaes* de Pessoa e *A Montanha Mágica* de Thomas Mann).

Neste sentido, Caeiro é um *mestre* ou um *chefe* duplamente falhado. O seu pensamento, defendido pelo continuador filósofo António Mora, desemboca na impossibilidade lógica de abordar a Coisa-em-si sem o *a priori* do significante. E, como poeta, Caeiro enumera tautologicamente as coisas, mas estas não são supostas terem nome e fazerem-no falar.

Além deste nominalismo inconfesso, o realismo bucólico que opõe a Mário de Sá-Carneiro reenvia a fantasmas estéticos do século XIX. Mais ainda, o *Interseccionismo* (ou *Cubismo* literário) da *Chuva Oblíqua* de Fernando Pessoa molha bastante os *rebanhos* [107] do *pastor* Caeiro, e é Álvaro de Campos (a), não o mestre (S_1), que melhor representa a poesia que conquista o século XX.

Como sempre em Pessoa, este novo falhanço pode ser encarado como uma *doença* ou um *privilégio*. Por um lado, a morte do pai e do mestre revelam que, por detrás da história dos *heterónimos*, existe o gozo daquele que se identifica à *mãe que os deu à luz* [108]. Mas, por outro lado, permite entender que, mesmo sem pai nem mestre, o *pavor sem nome* pode transformar-se em *toda uma literatura*.

Ao nível da reconstrução psicobiográfica, pode-se suspeitar que os partos repetidos da mãe impressionaram profundamente o pequeno Fernando, assim como a mortalidade infantil no espaço doméstico (falecimento do irmão Jorge em Portugal, da meia-irmã Madalena Henriqueta na África do Sul e, pouco depois do seu regresso a Lisboa, de outra das meias-irmãs, Maria Clara). Diante do

---

[107] Os *rebanhos* de Caeiro são os seus *pensamentos* e estes as suas *sensações*, tal como são vividas na *quinta dimensão* do corpo. Desde Rabelais que os rebanhos (de carneiros, etc.) representam pensamentos subservientes, o que não significa que cada pensamento, ou rebanho de pensamentos, não possa ter a sua autonomia. Mas não é em Rabelais, nem na tradição do *cogito* cartesiano, que se enraíza o pensamento filosófico-estético de Caeiro, mas na concepção espinosista da *Substância* como *causa sui*. É a partir da *Natureza* como causa imanente, passando pela teoria das sensações de Condillac, que Caeiro promove em António Mora o sonho do retorno às coisas-em-si.

[108] Frase que inicia a passagem mais célebre da Carta a Casais Monteiro sobre o nascimento dos heterónimos.

66 : PESSOA E A PSICANÁLISE

Mistério do desejo e do gozo do Outro, ele pôde certamente deduzir que a activa sexualidade da mãe estava virada, para além dos Pessôa e dos Rosa, da morte e da vida, para a pro-criação em série.

O *Nada* – que o poeta comparou uma dia ao *Omnimaterno ventre* [109] – mostra, então, a sua ambivalência : tanto pode fomentar no impotente o fantasma do retorno ao ventre ou seio materno [110], como transformar-se no princípio de tudo o que é gerado.

Encontramos uma figura extrema do primeiro *Nada*, no fantasma de ser *Madame* de Harém, ou a Mulher de todas as violações. E uma figura mais ténue na identificação com Maria José – a aleijada tuberculosa autora heterónima de uma carta que nunca chegará ao seu destino [111] –, que ilustra a incapacidade física de realização do amor no feminino.

Apesar da consciência desta incapacidade, a identificação inconsciente à mãe que dá à luz seres capazes de sobreviver e fazer obra em diferentes nomes impulsionou certamente a vontade de criar do filho. A contrapartida, foi o despertar de sintomas graves, que mimam muitas vezes a psicose.

Mesmo se Pessoa não foi psicótico, teve a lucidez de se saber um louco que não precisou de asilo. A diferença que estabeleço agora entre psicose e loucura, não é um simples jogo de palavras, mas uma maneira de fazer entender que não existe só a *preclusão estrita* do *Nome-do-Pai* (condição essencial da psicose), mas também a *pre-*

---

[109] Teresa Rita Lopes, op. cit., v. II, p. 223. *Nossa Senhora do Silêncio* no *Livro do Desassossego* fornece também algumas indicações interessantes sobre o *esplendor do nada* como figura da mulher *antes da Queda*. O *Nada* da *Génese* está também presente na Cabala. Michael Knoch, em trabalho apresentado no meu Seminário, explicou como o *Zohar* concebe o *En Sof*, o Sem-limite, como a auto-contracção que permite a Deus fazer o vazio em si e criar *ex nihilo*.

[110] *m'endormir ensuite pour toujours sur le sein calme du Néant* (cf. Teresa Rita Lopes, op. cit., v- II, p. 29)

[111] cf. *A Carta da Corcunda para o Serralheiro* in Teresa Rita Lopes, op. cit., v. II, p. 256-258

clusão generalizada, ou a *não relação sexual* [112], logo a substituição do Eterno Feminino pelos liames sociais dos *Discursos,* ou pela prática solitária da *letra.*

Mesmo se toda a gente delira por não poder fazer Um com o Outro, há os que são iludidos pelo *complexo de Édipo,* e os que não se deixam enganar pelos simulacros. Pessoa acabou por fazer parte destes últimos, dos que sabem que o Outro sexo é um sintoma, logo que não acreditam mais no amor que a mudança de *Discurso* tenta colocar no lugar da impossível união sexual [113].

Para entendermos como a literatura foi o suplemento desta extrema lucidez, convém que ultrapassemos agora as classificações psicopatológicas e abordemos o que Lacan chamou de o *sinthoma.*

A propósito de uma outra sumidade das letras, James Joyce, Lacan foi levado a introduzir o termo *sinthoma* [114] na psicanálise, para

---

[112] *Il n'y a pas de rapport sexuel* é o postulado fundamental da psicanálise que Lacan enuncia aforisticamente nos anos 70. Não se trata só do facto que não existe relação sexual que não esteja manchada pelo desejo incestuoso, mas também de que não há nada que possa inscrever uma proporção (*ratio*) sexual entre os seres falantes, ou uma complementaridade que una os dois sexos como no mito do amor.

[113] *Somos fantasmas de mentiras, sombras de ilusões* [...] *Cada um de nós é dois, e quando duas pessoas se encontram , se aproximam, se ligam, é raro que as quatro possam estar de acordo* (*Livro do Desassossego,* op. cit. p. 467).

[114] O *sinthoma,* que Lacan escreve por vezes *sinthomme* ou *saint homme,* é um neologismo composto de *sin* (o pecado e seu evitamento), *home* (a *home rule* ou regra caseira da afirmação de autonomia na declaração de independência irlandesa) e *Saint Thomas* (São Tomás de Aquino), mestre de Joyce em matéria de epifanias literárias, que acabou por considerar a sua obra como palha ou esterco, *sicut palea.* Temendo a psicose, Joyce criou um universo literário capaz de tornar célebre o seu nome e dar trabalho aos comentadores universitários durante três séculos. Jogando com o equívoco *letter/ litter,* letra/lixo, inventa, particularmente em *Finnigan's Wake* e para além de um vínculo ao pai real (bêbado) e imaginário (o Bloom de *Ulisses*), a língua fundamental do seu gozo *sinthomatico,* o não-inglês com que quebra a língua do colonizador. Este não-inglês associa-se ao facto que Joyce, o colonizado, expatria-se, ao contrário de Pessoa, que regressa à pátria e à sua língua. Depois desta leitura de Joyce, Lacan tira importantes consequências, que afectarão toda a teoria da prática analítica, a ponto de vir a definir o fim da análise como *identificação ao sintoma.*

explicar que o sintoma com que o analista tem de se haver não é unicamente uma formação do fantasma do desejo inconsciente, incestuoso e parricida, mas também a maneira que cada um tem de saber lidar com a loucura fundamental do ser humano [115], ou de utilizar a sua liberdade para fins extraordinários, como aquele que consiste em se apagar, par deixar inscrever nesse lugar traços inapagáveis, cuja leitura pode permitir posteriormente criar laços sociais (políticos, metafísicos, estéticos, éticos, etc.).

Na topologia do gozo desenvolvida por Lacan, o *sinthoma* (Σ) é um quarto anel, capaz de amarrar borromeanamente [116] as dimensões constituintes da realidade psíquica do *OMEM* [117]: o Real (**R**), o Simbólico (**S**) e o Imaginário (**I**).

Este três últimos registros podem estar desligados entre si, como acontece no chamado *esquizofrénico*. Quando estão atados borromeanamente, temos a personalidade paranóica, que é normalmente a dos que vêem um Mestre em carne e osso [118] onde há apenas a prevalência do significante sobre o sujeito (do inconsciente). O *sinthoma* só é identificável como tal, quando os três anéis que andam à solta conseguem atar-se num nó borromeano a quatro. Este último acaba por dar uma consistência topo-lógica ao *nada* onde todos os enlaces e desenlaces emergem. Ele aperta assim, num vazio doravante central, o único núcleo do gozo discursivamente elaborável : o objecto que Lacan escreve (a).

É preciso saber que o quarto nó pode falhar uma ou mais vezes, razão pela qual deve ser incessantemente reatado. Assim, é a incessante identificação do sujeito ao nó do seu *sinthoma*, que lhe per-

---

[115] Podemos ler o seguinte na *Mensagem* de Fernando Pessoa: *Sem a loucura o que é o homem/Mais do que besta sadia/Cadáver adiado que procria.*

[116] Um nó é borromeano se e só se o corte num dos seus anéis soltar os restantes.

[117] Tradução de LOM, neologismo lacaniano que imita os de Joyce e serve para diferenciar o sinthoma individualizado, relativamente ao *Homem* do humanismo e do existencialismo (cf. J. Lacan, *Joyce le Symptôme* in *Autres écrits,* op. cit., p. 565).

[118] Na *Casa de Saúde de Cascaes,* o representante principal do mestre Caeiro, o filósofo António Mora, é apresentado como uma espécie de louco iluminado que sofre de delírio de interpretação, ou seja, como um paranóico.

mite aprender a lidar com as perturbações provocadas no corpo próprio pelo *gozo do Outro barrado*, o *gozo fálico* e o *sentido* do gozo (*sens jouï* ou *jouis-sens*), como podemos ver na seguinte figura topológica [119]:

Ora, depois da morte do mestre e o desfalecer da metáfora do sujeito do inconsciente, podemos dizer que *Pessoa o Sinthoma* não cessou de tentar amarrar, com as linhas tortas com que se escreve direito, aquilo que uma vez mais se desamarrava [120].

Todavia, os heterónimos que aparecem ou reaparecem depois da morte do mestre, inclusive o seu *ghost* (apesar da ficção ulterior o dar como morto em 1915, Caeiro surge em 1919 para assinar uma série de poemas), mostram que a maioria destas tentativas de dar o nó falharam, tanto ao nível da arte como da vida, caso de Pessoa o Namorado.

Porque nada podia garantir que não iria endoidecer, Pessoa procurou durante bastante tempo unir o Real, o Simbólico e o Imaginário numa *imago* do Grande Todo. Esta busca fê-lo enveredar por caminhos algo obscurantistas, como os da magia, da mística e da alquimia.

---

[119] Esta figura transcreve com as iniciais das palavras portuguesas os matemas lacanianos do Gozo do Outro Barrado (GA̸ = JA̸), e do gozo fálico (gΦ = JΦ).
[120] Muito cedo, através do pré-heterónimo Marcos Alves (cf. Teresa Rita Lopes, op. cit., v. II, p. 40), Pessoa escreve: *nada me amarra a mim a não ser o sentimento de dever estar amarrado*. Na Carta de 9 de Outubro de 1929 a Ofélia, Fernando fala da existência em si de uma *corda partida -r-r-r-r-r-r-r-r-r-r-*.

Se a magia em geral pode incluir práticas como o espiritismo, a magia órfica remete para a antiga fé na entidade chamada *Logos*, crença que convém mais ao poeta, que os latinos designavam por *Vates*, vidente e vaticinador, na medida em que o seu acto seria conforme ao da própria essência da linguagem, que consistiria a apoderar-se da coisa que nomeia. Podemos encontrar o misticismo nos tempos do saudosismo de Teixeira de Pascoaes, como no nacionalismo messiânico que Pessoa retomou aos 17 anos em Lisboa. A via alquimica é a mais misteriosa, Pessoa dizendo a Casais Monteiro que ela envolve a transmutação da personalidade que *a prepara*. No entanto, num fragmento sobre o génio de Goethe datado de 1932, distingue 4 fases do processo alquímico aplicado à criação: a *putrefacção* (apodrecimento das sensações indiferentes), a *albação* (embranquecimento das páginas da memória), a *rubrificação* (assinatura dos produtos da imaginação literária) e a *sublimação* (artística).

A paródia da imitação do Cristo [121], a Teosofia, o Hermetismo, a Cabala, a Numerologia, a Loja Maçónica, os rituais Rosacrucianos e dos Templários mostram ainda a desorientação de Pessoa. Assim, tanto os heterónimos revelados pelas comunicações mediúnicas (Wardour, J. M. Hyslop, Vadooisf, etc.), como o autor esotérico Raphael Baldaya, são modalidades mais ou menos falhadas do nó.

Mais interessante é o nó que Pessoa o Astrólogo tentou dar quando da sua aventura rocambolesca com *Mestre Therion*, isto é, o Mago inglês Aleister Crowley. Efectivamente, ao promover, encenar e prestar falsas declarações à polícia sobre o misterioso desaparecimento da *Besta 666* (a do Apocalipse) na *Boca do Inferno*, Pessoa Crowley ia conseguindo fazer mais do que escrever uma *novela*

---

[121] No *Hérostrato*, Pessoa evoca um Cristo que, *para provar que é verbo* e *gozar do nome, teve de morrer como homem*. Lembro que foi a teologia católica (Tertuliano) que hipostasiou a *Pessoa* para definir o mistério da Santíssima Trindade, três Pessoas em Uma só. A relação espiritual entre Pai e Filho, representada pelo Espírito Santo, é, no início ou por princípio, verbal (cf. *Prólogo do Evangelho segundo São João*). Mas Pessoa o Judeu enunciará também o seu «Pai, Pai, porque me abandonaste?»: *Meu Deus, meu Deus, a quem assisto? Quantos sou? Quem é eu? O que é este intervalo que há entre mim e mim?*

policiária na monotonia da vida quotidiana, dado que se arriscou a ficar «preso» no seu diabólico sintoma [122].

Por sua vez, *Mensagem* – o livro de poemas com o qual Pessoa se estreou em português no final da vida e que lhe valeu um prémio do Secretariado de Propaganda Nacional do Estado Novo em 1934 – vem mostrar como o Portugal mítico-heterónimo serviu de muleta ao Fernando Pessoa que regressou à pátria em 1907.

Este volume é normalmente tido como um livro patriota e messiânico [123], mas ainda se pode ler nele o amor materno que o menino de seis anos sobrepunha ao da terra onde nascera [124].

Mensagem é um título pleonástico composto a partir do verso latino *Mens agit molem, o espírito* (do filho) *move a matéria* (materna). A primeira parte, *o brasão*, é simbolizada por *bellum sine bello, guerra sem guerra*, que indica a falta de rival paterno, seguida da fuga ao poderoso padrasto. A segunda parte, *Mar português*, fala da *possessio maris*, da *posse do mar* (em vez da mãe). A terceira parte, *o Encoberto*, é simbolizada por *Pax in Excelsis,* uma *Paz nas Alturas*, onde se pode ler a paródia da frase bíblica e o sentimento da falta de Glória neste mundo.

Poema de toda uma vida, *Mensagem* conta a história gloriosa de Portugal, o seu mito fundador, a sua simbologia e os seus heróis, mas também como a Europa perdeu o verdadeiro rosto com a decadência e o desassossego político de uma nação que se encontrava então *sem rei nem lei*. Para mudar a situação, a palavra do poeta coloca o selo messiânico no *desejado* D. Sebastião, o rei desapare-

---

[122] Pessoa sentiu desde muito cedo em si tendências sádicas, uma vontade de praticar a maldade que podia ter feito dele, se tivesse nascido noutros tempos, um *Inquisidor*. Por outro lado, na *Hora do Diabo* (cf. edição de Teresa Rita Lopes, Assírio & Alvim), Lúcifer emprenha uma mulher pelo Verbo. Mesmo se Crowley é um adepto das ciências ocultas que vende aos crentes a força diabólica que na realidade não possui, é o Mal encarnado e a realização de desejos inconfessáveis que Pessoa vê nele.

[123] Cf. Fernando Pessoa, *Mensagem*, edição de Fernando Cabral Martins, Assírio & Alvim, Lisboa.

[124] Foi o que fez João Guedes em trabalho para o meu Seminário.

cido no dia 4 de Agosto de 1578 em Alcácer-Quibir. Relança, a partir do sebastianismo, o repto do *Quinto Império*, lenda que se enraíza na interpretação dada pelo profeta Daniel ao sonho de Nabucodonosor: o reino dos Céus a implantar na terra sob o sinal da Cruz. Influenciado desde a infância por uma passagem do *imperador da língua portuguesa* (o Padre António Vieira) sobre o templo de Salomão, Pessoa promove a ideia de que *é a Hora* da raça lusitana concretizar este ideal espiritual.

Mas o esperado ressurgimento civilizacional do Império *subordinado ao espírito definido pela língua portuguesa* confunde-se bastas vezes com uma fórmula política muito diferente. Observador descontente do que se passava em Portugal e na Europa, Pessoa vai ver no *Presidente-rei* Sidónio Paes, um pai, no ditador Salazar, um sucedâneo de D. Sebastião, e em si mesmo, o *supra-Camões* que poderia levar a cultura portuguesa a dominar o mundo. Se exceptuarmos a nomeada internacional conquistada ulteriormente pelo poeta, podemos concluir, parafraseando as palavras finais da sua *Mensagem*, que tudo o resto mais não é que *ânsia distante* que *de perto chora*.

Empenhando-se unicamente na acção político-social por intermédio da palavra falada e escrita, é sobretudo uma relação singular com a língua *pátria* [125] que será explicitamente reivindicada numa célebre passagem do *Livro do Desassossego* sobre o *gosto do palavrar*: *nada me pesaria que invadissem ou tomassem Portugal, desde que não me*

---

[125] O português vernáculo de uma passagem da *História do Futuro* do Padre António Vieira (1608-1691) impressionou imenso Pessoa em criança. Quando regressou a Portugal, voltou a reviver pela leitura esta impressão infantil, empolgando-se, então, com a sua mensagem patriotico-messiânica. O templo de Salomão é um elemento básico da Cabala. Como tal, permite interpretações esotéricas, como a do célebre sermonista jesuíta. Este esperava ver cumprida em 1666 a profecia (já enunciada nas trovas de Bandarra, 1540) do estabelecimento no mundo do Império Universal de Deus e do Rei de Portugal, D. João, filho de D. Pedro II. O rei eleito morreu, e a queda do império Otomano não levou à realização do desejo do louco visionário. O mesmo se passa com Pessoa: o *Desejado* D. Sebastião não volta a aparecer, deixando a ilusão do Império Lusitano encoberta para sempre numa manhã de nevoeiro.

incomodassem pessoalmente [...] mas odeio com ódio verdadeiro [...] não quem escreve mal português, não quem não sabe sintaxe, não quem escreve em ortografia complicada, mas a página mal escrita, como pessoa própria [126].

O *Livro do Desassossego* é iniciado após o regresso a Lisboa e deixado inacabado à hora da morte. Apenas doze dos seus mais de quinhentos e vinte fragmentos foram publicados durante a vida de Pessoa, e ninguém podia suspeitar da sua real importância. Deste modo, foi só quando saiu da arca para ser editado em 1982 por Teresa Sobral Cunha, quarenta e sete anos após a morte do poeta, que se pôde aperceber do valor desta obra maior em prosa. É este *Livro* – que realizou também postumamente o desejo de ser lido para além da Europa – que me cabe apresentar finalmente aqui como o nó mais bem conseguido de todos [127].

A vida e a obra de Pessoa são ricas pelas suas múltiplas facetas. Todavia, se o pensamento ocultista tende a permanecer oculto, o namoro diz sobretudo respeito aos namorados, e a *Mensagem* a Portugal. Só o *Livro do Desassossego* visa o Universal, ou melhor o real,

---

[126] Fernando Pessoa, *O Livro do Desassossego,* op. cit., p. 36. Pessoa também escreveu inúmeros textos sobre linguística (cf. *A Língua Portuguesa*, edição de Luísa Medeiros, Assírio & Alvim, Lisboa, 1977). Entre as 5 línguas imperiais existentes, defende o inglês como língua internacional da comunicação científica, e o português como língua da cultura universal. Além disto, consagra vários textos a uma reforma da ortografia etimológica da língua portuguesa, que considera a mais propícia para a fixação da língua do futuro *Quinto Império*. Mas é uma passagem do *Livro do Desassossego* (op. cit., p. 372-74) que melhor indica a função da *retórica* dos Padres (Figueiredo, Freire, etc.) no sonho de corrigir o que a língua portuguesa pode conter de materno: *maravilha* [quando] *oiço o Padre Freire ensinar que se deve dizer Magdalena, pois Madalena só o diz o vulgo.*

[127] O *sinthoma* pode ser lido como um misto de significante (um) e de objecto (a), $S_1 \lozenge a$ (cf. Jacques-Alain Miller, *Los signos del goce*, Paidos, Buenos Aires, 1999). Neste sentido, podemos dizer que o *Livro do Desassossego* é o nome de Pessoa o *Sinthoma*. O título faz do *Livro* o S_1 ou ponto de reunião do que não cessa de se escrever; e do *desassossego* o afecto provocado pelas ondas da letra (a). Este duplo movimento de expansão e concentração, lembra o expresso no célebre *slogan* que Pessoa escreveu para publicitar a Coca-Cola em Portugal: *Primeiro estranha-se. Depois entranha-se.*

pois o Universal é não-todo, porque, como já dizia Caeiro, *a Natureza é partes sem um todo*.

No namoro, na política, no comércio, na poesia heterónima está-se normalmente acompanhado do Outro (A). É no *Livro* que encontramos o sintoma na sua solidão radical.

Eis como o *Livro* apresenta o Outro que já não existe: *nasci em um tempo em que a maioria dos jovens haviam perdido a crença em Deus, pela mesma razão que os maiores a haviam tido – sem saber porquê* [...] *a maioria desses jovens escolheu a Humanidade para sucedâneo de Deus* [...] *não sabendo crer em Deus, e não podendo crer numa soma de animais, fiquei* [...] *à distância de tudo a que comummente se chama a Decadência. A Decadência é a perda total da inconsciência; porque a inconsciência é o fundamento da vida* [...] *Quando nasceu a geração a que pertenço, encontrou o mundo desprovido de apoios* [...] *nascemos já em plena angústia metafísica, em plena angústia moral, em pleno desassossego político. Ébrias das fórmulas externas, dos meros processos da razão e da ciência, as gerações que nos precederam aluíram todos os fundamentos da fé cristã* [...] *do choque das doutrinas, só ficou a certeza de nenhuma, e a dor de não haver certeza* [...] *Ficámos, pois, cada um entregue a si próprio* [...] *encontrámo-nos navegando, sem a ideia do porto a que nos deveríamos acolher. Reproduzimos assim, na espécie dolorosa, a fórmula aventureira dos argonautas: navegar é preciso, viver não é preciso* [128].

Esta solidão do *sinthoma* resultante da decadência civilizacional e do desassossego político, deve também ser referida a duas passagens aparentemente contraditórias do *Livro* [129].

Talvez mais do que qualquer outro, o texto do *Livro* está longe de estar definitivamente fixado. Até aqui tenho utilizado uma edição popular (a do Círculo de Leitores), mas agora terei que remeter o leitor para outras mais eruditas (em particular a da Assírio & Alvim), para que possa controlar minimamente a ordem cronológica e estrutural dos trechos que cito.

---

[128] *Livro do Desassossego*, Círculo de Leitores, op. cit. p.130-133.
[129] Como apontou João Peneda num trabalho efectuado no quadro do Seminário do CEP.

Apesar do *Livro* acompanhar a criação desenvolvida ao longo da vida literária, integrar as aquisições de *Paùis*, de *O Marinheiro*, do Mestre e dos discípulos, de *Orfeu*, etc., a ausência de uma fórmula para o mistério, a frieza do amor, a falta de reconhecimento e o mal de existir reaparecem no final. Um apontamento datado de 5 de Abril de 1933 menciona: a *dor de não saber o que é o mistério do mundo, dor de não nos amarem, dor de serem injustos connosco, dor de pesar a vida sobre nós* [130]. Uma passagem como esta permite concluir que a auto-interpretação e a obra literária não alteraram substancialmente a relação do sujeito com as suas formações de compromisso sintomáticas.

Mas, noutra passagem, podemos ler o seguinte: *não é a morte que quero, nem a vida: é aquela outra coisa que brilha no fundo da ânsia como um diamante possível numa cova a que se não pode descer* [131]. Mesmo se continua a não haver fórmula para *o mistério de existir*, é sugerido aqui que se sabe que ele consiste numa *coisa* que está para além da morte e da vida, sem a qual não há redenção da existência. Ora, isso *que brilha* na *cova a que não se pode descer*, a jóia preciosa que está no *fundo da ânsia*, não é outra coisa senão o objecto estruturalmente perdido que causa o desejo [132].

Uma passagem datada de 10 de Abril de 1930 confirma-o e informa: *sou como alguém que procura ao acaso, não sabendo onde foi oculto o objecto que lhe não disseram o que é.* Pelo menos até a esta data, o sujeito continua desorientado, dado que procura o objecto inconsciente, logo não consegue admitir psiquicamente a sua perda.

---

[130] Fernando Pessoa, *O Livro do Desassossego,* edição Richard Zentih, Assírio & Alvim, Lisboa, 1998, p. 377-378.

[131] Fernando Pessoa, *O Livro do Desassossego,* op. cit., p.227.

[132] No *Banquete* de Platão, Alcibíades compara a voz de Sócrates à flauta de Mársias e o seu ser a uma estátua de sileno, cuja particularidade era de poder abrir-se ao meio para guardar no seu interior coisas preciosas, *agamalta*, exactamente como o *sujeito suposto saber* que é o analista contém o *objecto* (a) do analisando no amor de transferência (cf. Jacques Lacan, Le Séminaire livre VIII, *Le transfert*, Seuil, Paris, 1971).

É este objecto oculto que desassossega [133] o desejo e espevita a escrita do *Livro* durante os anos 20. Em 1930, continua, pois, a não haver sossego. Onde o encontrar? Num dos últimos poemas (20-7-1935) podemos ler o seguinte: *Já estou tranquilo. Já não espero nada* [134].

Aqui, há já como que uma admissão da perda. Mas em que sentido entender este *nada*?

Como referimos atrás, o *Nada* em Pessoa é ambíguo: pode ser um objecto de angústia conduzindo à cova mortal através do suicídio (o que apenas se concretiza em Marcos Alves, o barão de Teive e Vicente Guedes), pode transformar-se no vazio da criação *ex nihilo*, mas também ser um nome da admissão da perda constituinte.

Um dos últimos fragmentos do *Livro* mostra o *Nada* como o objectivo da despersonalização ou destituição subjectiva: *Nada salvo a esperança* [de] *que tudo seja nada e portanto o nada seja tudo* [135].

Mas para entender como opera a escrita pessoana relativamente a este desejo de perdição, serio alguns dos oxímoros metafísicos, antropológicos e lógico-matemáticos do texto:

Nada	*Tudo*
Ninguém	*Alguém*
Zero	*Infinito*

Comentando o Nada e o Tudo na *Mensagem*, Jakobson escreve: *nada, totalidade negativa, opõe-se a tudo, totalidade positiva, e estes dois*

---

[133] O *desassossego* contém toda uma gama de emoções e de sensações, que vão desde a falta de sossego à angústia como afecto que não engana, passando pelo tédio, o medo, a insatisfação, a insónia, a incapacidade, o desalento, a decadência, a desorientação, a monotonia, a inércia, o cansaço, a fadiga, a amargura, a náusea, a saudade, a desolação, o nojo, a indiferença, a inconsciência, mais o vício de sentir isto tudo de todas as maneiras. Porque afecta o sujeito num Universo onde o Outro é oco, o *desassossego* do desejo é finalmente vivido na quinta dimensão do corpo como um *gozo que sabe a sangue porque feriu.*

[134] Fernando Pessoa, *Novas Poesias Inéditas.* Lisboa, Ática, p. 133.

[135] Fernando Pessoa., *O Livro do Desassossego*, op. cit., p. 414.

quantificadores totalisantes opõem-se, por sua vez, a um quantificador parcializante, metade, e o contraste dos dois géneros, o masculino de nada e tudo face ao feminino de metade vem reforçar a oposição [136].

Jakobson vê na *metade – quantificador parcializante* próprio ao género feminino [137] – aquilo que permite conciliar dialecticamente os extremos; mas a *metade* em Pessoa é sobretudo o resultado do corte que produz indefinidamente, entre o *Nada* e o *Tudo*, o *intervalo* do sujeito, ou o *gozo da falência*.

É esta função pouco dialéctica da *metade* que permite encontrar os nomes da *ponte de passagem* [138] que se encontra *entre* os referidos oxímoros:

Nada	*Metade*	*Tudo*
Ninguém	*Muitos*	*Alguém*
Zero	*Número*	*Infinito*

A repetição do corte no *Tudo* ou *Nada* é também o que caracteriza por excelência a escrita do *Livro do Desassossego*, feita de *fragmentos, fragmentos, fragmentos* [139].

O *Livro* mais não é, então, do que a repercussão rítmica do *intervalo doloroso* da articulação do sujeito [140]. Porquê concebê-lo também como *armazém publicado do impublicável*, ou sonhar publicar-se?

---

[136] *Nada, «rien», totalité négative, se trouve opposé à* tudo, *«tout», totalité positive, et ses deux quantificateurs totalisants sont opposés, à leur tour, à un quantificateur parcellant,* metade, *«moitié», et le contraste des deux genres, le masculin de* nada *et* tudo *en face du féminin de* metade *vient renforcer l'opposition* (op. cit, p. 482).

[137] Encontramos o equivalente deste *quantificador parcializante* no *pas-tout* com que Lacan define a posição feminina na lógica da sexuação (cf. J. Lacan, *Le Séminaire, livre XX, Encore*, Paris, Seuil, 1972, p. 73). Do lado masculino, Lacan escreve $\exists x \, \overline{\Phi x}$ e $\forall x \, \Phi x$. E do lado feminino: $\overline{\exists x \, \Phi x}$ e $\overline{\forall x} \, \Phi x$. Isto significa que, para o homem, apenas um escapa à castração (o Pai primordial). Enquanto que, para as mulheres, nem-tudo (*pas-tout*) é função do Falo ($\overline{\forall x} \, \Phi x$).

[138] *Não posso ser nada nem tudo: sou a ponte de passagem...*(O Livro do Desassossego, op. cit., p. 231).

[139] Carta de 19 de Novembro de 1914 a Cortes Rodrigues.

[140] *Escrevo eu mesmo* (O Livro do Desassossego, op. cit., p. 391).

Resposta: *publicar-se – socialização de si próprio* [141]. Isto não significa só que o autor quer dar trabalho à tipografia e ganhos ao editor, mas que é quando o livro aterra no público que se torna realmente um objecto de valor (de troca e de uso ou gozo).

É assim que a escrita solitária do *sinthoma* visa construir um novo laço social, por exemplo, um Outro que lhe permita existir como (o que) falta na Literatura Universal.

À partida, o *Livro* funciona como uma *pia* para os *refugos* da escrita. Mas à medida que o *lixo* se acumula, começa a sedimentar-se no esgoto uma espécie de pedra preciosa em bruto, que passa a ser trabalhada com um cuidado extremo, que se torna por vezes exclusivo. É precisamente a reciclagem literal deste lixo que acaba por fazer do *Livro* o mais *belo e inútil* dos diamantes literários.

A rede textual com que se tenta apanhar o *Nada* é tricotada com a emaranhada *meada multicolor* da vida. E, pelo seu conteúdo, o texto caracteriza-se por um *devaneio e desconexo lógico*, que não procura contar uma história linear e acabada. Mas não é isto que interessa, pois o *Livro* não tenta dar sentido à história, mas reduzir o sentido à sua cifra (zero).

Como a restante obra, o *Livro* não é da autoria de um *Eu:* é a letra que dita uma vez mais os seus desígnios ao *corpo* como lugar onde vêm coexistir retroactivamente as outras quatro dimensões.

A primeira recolha de textos é assinada Fernando Pessôa. Mas depressa o *Livro* torna-se num jornal íntimo e romanceado, onde cada estado de alma, como pretende Amiel, é uma paisagem. Então, é atribuído a Vicente Guedes, tradutor e contista da tipografia cultural *Íbis*. Após o suicídio deste, coube momentaneamente a Fernando Pessoa guardar o testemunho, que entrega a Bernardo Soares, o ajudante de guarda-livros na cidade de Lisboa, que imprime ao *Livro* a *cadência musicante* do grande lirismo metafísico, ao mesmo tempo que aí conta a sua autobiografia sem factos. *Se nada digo*, acrescenta Soares, *é que nada tenho para dizer.*

---

[141] *O Livro do Desassossego*, op. cit., p. 210.

Figura dita *minhamente alheia*, Bernardo Soares, apesar de algumas assinaladas parecenças com o barão de Teive, Vicente Guedes e o velho Álvaro de Campos, é quase sempre confundido com Fernando Pessoa: alguém que se esforça por ganhar a sua vida em escritórios de Lisboa, passeia pela Baixa da cidade e se entrega sempre que pode à escrita. É o próprio Pessoa que diz que Soares é ele menos qualquer coisa, *o raciocínio e a afectividade*. Mas, de subtracção em mutilação, eis o que Soares acaba por escrever: *não tenho ideia de mim próprio; nem sequer aquela que consiste numa falta de mim próprio.*

Se cada ser da ficção pessoana representa à sua maneira uma configuração do *caleidoscópio*, podíamos dizer que Soares é o grau zero destas figuras, o *nada* em que se engata o núcleo inscriptível do gozo do *sinthoma*. Noutro extremo, ele é a verdadeira *quinta pessoa*, o que resta quando se pára de fingir, de ser poeta, ou quando a prosa deixa transparecer que *tudo* se origina na transfiguração do sentimento de ser *nada* [142].

Enquanto as metáforas poéticas de Pessoa pré e ortoheterónimo, Caeiro, Reis e Campos acrescentavam um pouco de sentido ao sentido nenhum postulado por Caeiro [143], a prosa do *semi-heterónimo* Soares vai deslocando metonimicamente o *cogito sensível* [144] até ao *maelstrom negro: vasta vertigem à roda de vácuo, movimento de um oceano infinito em torno de um buraco em nada* [de que] *eu sou o centro que não há senão por uma geometria do abismo, sou o nada em torno do qual este movimento gira* [...] *o centro de tudo com o nada à volta* [145].

Este turbilhão do *nada* é aproximado no *Livro* de diferentes maneiras. Por exemplo, o narrador fala de si como um *amante*

---

[142] *Posso imaginar-me tudo, porque não sou nada* (cf. *O Livro do Desassossego*, op. cit., p. 185).

[143] Cf. os seguintes versos: *O único sentido íntimo das coisas / É elas não terem sentido íntimo nenhum.*

[144] Em Bernardo Soares o *cogito* não é cartesiano: *penso sempre, sinto sempre, mas o meu pensamento não contém raciocínios, a minha emoção não contém emoções.* Ou seja, trata-se de um *vazio*, do intervalo doloroso em que o sujeito pensa e se sente como inúmeros.

[145] *O Livro do Desassossego*, op. cit., p. 258.

visual [146]. Não se trata então de ver *o polícia como Deus o vê* [147], mas de apresentar o ser diáfano (Só ares) condensado no *olhar* de onde se vê como *ninguém* [148].

É a partir do mesmo vazio ontológico que Soares entrega a imaginação à escrita. Afirma que esta é mais forte do que o seu Eu, ou que escreve sem querer, para esquecer e, por vezes, se trair. Todavia, é no campo da letras que o seu ser vazio toma consistência, vindo praticamente coincidir com o próprio corpo da palavra (*sou em grande parte, a mesma prosa que escrevo*). Praticamente, porque há, ainda, a satisfação mais literal que literária que esta lhe dá.

O que encanta Soares no mar das letras, é a delícia da perda de si, a entrega ao movimento das *palavras* que *fazem festas*, das *frases sem sentido, decorrendo mórbidas, numa fluidez de água sentida,* cujas *ondas se misturam e indefinem, tornando-se sempre outras.*

Se o Padre António Vieira o ajuda inicialmente a sair deste banho amniótico da língua, é o *nada* em que se situa relativamente às ditas ondas que lhe permite deixar passar pelo seu vazio as frases fortes, capazes de insurreição contra a *página mal escrita*, subversão estética que conduz à única ética que valha, a do *dizer bem* [149].

É sempre à sua maneira que Soares prova este seu gosto de bem--dizer. O estilo é o homem, e Soares sabe-se um homem só. Não

---

[146] *O Livro do Desassossego*, op. cit., p.464-466. *Sujeito a paixões visuais,* o narrador diz no entanto não conhecer o que os psiquiatras chamam de *onanismo psíquico* e *erotomania,* dado que não se fantasia em amante carnal, nem transporta a criatura que fita para fora da esfera estética da percepção. Só quer dela o que lhe dão os olhos e sua memória, por isso, afirma, com a precisão daquele que se identifica ao olhar como objecto da pulsão escopofílica, *sou do tamanho do que vejo* (*O Livro do Desassossego*, op. cit., p. 464-466).

[147] Deve-se acrescentar o seguinte: *Deus sou eu* (LD, op. cit., p.107). Encontramos ainda nesta proposta a influência da visão *sub specie aeternitatis* do Deus ou Natureza espinosista.

[148] *Não sou ninguém. Ninguém, absolutamente ninguém* (*O Livro do Desassossego,* op. cit., p. 257).

[149] *Quem me dera que de mim ficasse uma frase, uma coisa dita de que se dissesse, Bem feito!* [porque] *não há nada de real na vida que o não seja porque se descreveu bem,* afirma um dos últimos fragmentos do *Livro.*

que esteja sozinho, pois tem o *patrão Vasques*, o *Moreira*, e até o *Ganges* que passa pela *rua dos Douradores* [150]. A sua solidão é diferente, é a dos *loucos de hoje* que serão os *génios de amanhã*.

Esta solidão entre outras [151] consegue transformar o seu *lar*, Lisboa, num símbolo do mundo. E, ao mesmo tempo que a travessia por Soares da sua cidade fantasmática a torna mítica [152], o *zigue-zague* do *princípio do amor* mostra o nómada da relação sexual como uma *insígnia* [153] do gozo do contemporâneo: *é o indivíduo, a sós consigo, o único que sente.*

É neste ponto que Soares pode dizer mais ao psicanalista de hoje, dado que é um não iludido que erra num universo sem mãe nem pai [154], que pode ir de mal a pior, porque Deus e a Humanidade desertaram e o pacto científico com o Diabo ameaça.

---

[150] A escolha do significante *Douradores* indica aquilo de que se trata à partida em Bernardo Soares, de *dourar* a *dor* individual e colectiva, dado que a rua dos Douradores simboliza a Humanidade que se substituiu a Deus, mas também o ponto de partida para o real como *impossível* (cf. *O Livro do Desassossego*, Assírio & Alvim, op. cit., pp. 77 e 179).

[151] Esta solidão está também patente nas outras personalidades literárias: Pessoa é o que se sabe, Caeiro vive isolado no campo, Campos foi para a Escócia, e Reis, refugiado no Brasil, irá parar à *Casa de Saúde de Cascaes*, onde António Mora foi internado.

[152] Pessoa desejava ser um criador de mitos. Desejo realizado, pois fala-se hoje da Lisboa de Pessoa-Soares, como do Paris de Balzac, da Praga de Kafka, da Alexandria de Cavafy, ou da Dublin de Joyce.

[153] Jacques-Alain Miller promoveu este termo lacaniano no seu Seminário de 1986-87, intitulado *Ce qui fait insigne*. João Peneda lembrou, a propósito de Heróstrato, que o grego se tornou-se insigne (*insignis*) ou se notabilizou (insignio) através do fogo (*ignis*). Pessoa, pelo contrário, tocou a lira de Nero, mas não precisou do incêndio.

[154] Soares confessa: *minha mãe morreu muito cedo, e eu não a cheguei a conhecer* [...] *Talvez que a saudade de não ser filho tenha grande parte na minha* indiferença *sentimental. Meu pai matou-se quando eu tinha três anos.*

A MARAVILHA

APÓS MORTE DA MÃE EM 1925, Fernando Pessoa continua à procura de um pai. Persuadido de que é preciso uma mão de ferro para se opor à pseudo democracia, faz a *Defesa e Justificação da Ditadura militar em Portugal*, logo a seguir ao golpe de Estado de 28 de Maio de 1926, que leva Salazar às Finanças do país em 1928 [155].

Mas o que o incomoda mais pessoalmente é a falta de filhos, entenda-se, de livros publicados e reconhecidos. A esperança veio desta vez de uma folha de arte e de crítica editada na Imprensa da Universidade de Coimbra. No número 3 da revista que se tornou o segundo órgão do Modernismo português, José Régio publica um artigo sobre a *Geração Modernista,* onde Fernando Pessoa faz pela primeira vez a sua aparição como *mestre* [156].

---

[155] É só no início do seu último ano de vida (1935) que Pessoa rompe com o salazarismo sem se opor verdadeiramente ao regime. A prova é que, imitando o chefe dos camisas negras Rolão Preto, redige uma carta ao Presidente da República, António Oscar Carmona, para lhe pedir que deponha o Presidente do Conselho, António de Oliveira Salazar, de forma a dar ao Estado Novo o que este lhe imputou.

[156] É Pessoa o Mestre que permite fazer o laço entre *Orfeu* e a *Presença*, ou seja, entre o Modernismo escandaloso (de Sá-Carneiro, António Botto, Santa Rita Pintor, Angelo de Lima, etc.) e o Modernismo sem fractura social (José Régio, Branquinho da Fonseca, Edmundo Bettencourt, etc.).

Ei-lo finalmente Mestre para outros, idealizado por uma juventude prometedora, na qual se encontra também aquele que dissemos no início ir desempenhar o papel do seu *impossível analista* [157]. Pessoa sente-se momentaneamente renascer, e procura corresponder a este novo e inesperado amor. Começa, então, a última tentativa de reunir os fragmentos dispersos para João Gaspar Simões e dar uma identidade editorial à obra [158].

Só que o *executor* da obra continuava praticamente anónimo, e esta permanecia altamente condensada nos poucos textos vindos a lume [159]. É certo que, além do *Livro,* haviam também numa outra arca muitos poemas e escritos em prosa, notas, cartas, ensaios, contos, sistemas religiosos e metafísicos, preceitos estéticos, teorias políticas, romances policiais, mas tudo a granel, metido dentro de sobrescritos, ou disperso por facturas de escritório, agendas envelhecidas e outros pedaços de papel encontrados aqui e ali quando a inspiração surgia. A tarefa de rever, classificar e inventariar o tesouro que veio habitar o *Nada* era imensa, hercúlea. Pessoa não tinha

---

[157] Pessoa sempre se queixou de não poder ter confiança na mãe, e de que a família não o compreendia. Procurou sem grande resultado um amigo a quem pudesse confiar-se, e um mestre que o soubesse guiar no labirinto em que se encontrava. Desconfiava, contudo, dos falsos mestres, como os teósofos que afirmavam dominar o Diabo e eram incapazes de dominar a língua portuguesa. Por outro lado, João Gaspar Simões não pôde funcionar realmente como um verdadeiro analista, que o convidasse a descer à cova para dar uma consistência outra que literária à coisa perdida que aí brilhava. Restou-lhe, pois, a auto--iniciação e a auto-análise.

[158] O vácuo e a multiplicidade não anulam o sentimento de identidade que provém das marcas significantes. Encontramo-lo, por exemplo, nestes dois fragmentos: *Regresso a mim. Alguns anos andei viajando a conhecer maneiras de sentir* (Fernando Pessoa). *Sinto que, ainda ao dizer que sou sempre diferente, disse sempre a mesma coisa, que sou mais análogo a mim mesmo do que queria confessar.* (Bernardo Soares).

[159] Pessoa é dos autores que mais publica na época em Portugal, pois os seus textos figuram em quase tudo o que é revista ou jornal. No entanto, dada a imensidade de uma produção manuscrita, dactilografada e mista de que ninguém podia suspeitar, tudo o que tinha sido publicado até então era irrisório.

espaço, nem tempo, nem meios para a levar a cabo. Faltavam-lhe as forças, a alma andava tumultuosa e o corpo fragilizado pela doença e o álcool. Uma cólica hepática, ao que parece, acaba por o levar no dia 30 de Novembro de 1935.

Pessoa viveu sonhando ser o novo poeta de Portugal, escreveu *Heróstrato* para esclarecer as condições de possibilidade da futura celebridade, e esta última frase em inglês: *I Know not what to-morrow will bring*. Já postumamente, Jorge Luís Borges, Octavio Paz e Roman Jakobson anunciaram com maior efeito do que outros a santificação [160] a que pudemos assistir durante as comemorações do centenário do nascimento em 1998.

Tantos aplausos são suficientes para mostrar que a arte de Pessoa não precisa de ciência e comentário para ser enaltecida. Razão pela qual os meus propósitos deixaram a sua arte de fora, sem retomarem o antigo projecto psicobiográfico de João Gaspar Simões, nem se lançarem na impossível tarefa de psicanalisar um poeta e prosador falecido há mais de sessenta anos.

Digamos, que estes meus apontamentos sobre as condições de funcionamento do criador e a estrutura pentagonal da obra, se limitaram a situar alguns dos enigmáticos fenómenos da *(a)lma* de Pessoa – essa que ele dizia demasiado grande para caber num *eu* – ao nível da função da letra no canto e ficção da fala e da linguagem.

Para o restante, contento-me, por enquanto, a citar os seguintes versos do *Fausto*:

> *Maravilha do inconsciente!*
> *Em sonho, sonhos criei.*
> *E o mundo atónito sente*
> *Como é belo o que lhe dei*

---

[160] O nome de Fernando António foi-lhe dado por ter nascido em 13 de Junho, dia do nascimento de Fernando de Bulhões, o *Santo António* padroeiro de Lisboa. Mas a verdadeira glorificação do novo pai santo da capital de Portugal só surgiu aquando do centenário do nascimento do poeta em 1988. Ouvia-se, então, dizer: *tanto Pessoa já enjoa.*

Títulos editados nesta colecção:

1. *Quem não Arisca não Petisca*, Maria João Sousa e Brito
2. *Freud & Companhia*, José Martinho
3. *Orofobias… Marias… e Outros Mistérios*, Jaime Milheiro
4. *Sexualidade e Psicossomática*, Jaime Milheiro